पद्मजा

पाठक, रंगकर्मी, फ़ोटोग्राफ़र, बाल साहित्यकार, एक बनती हुई फ़िल्मकार।

sowaspadmaja@gmail.com

पद्मजा

मैं कोई और

सार्थक
राजकमल प्रकाशन का उपक्रम

ISBN : 978-93-6086-523-8

मूल्य : ₹299

पहला संस्करण : 2025

स राजकमल प्रकाशन का उपक्रम
सार्थक

प्रकाशक
राजकमल प्रकाशन प्रा. लि.
1-बी, नेताजी सुभाष मार्ग, दरियागंज
नई दिल्ली-110 002

शाखाएँ
अशोक राजपथ, साइंस कॉलेज के सामने, पटना-800 006
पहली मंजिल, दरबारी बिल्डिंग, महात्मा गांधी मार्ग, प्रयागराज-211 001
1, अनमोल सोराबजी सन्तुक लेन, धोबी तलाव, मरीन लाइंस, मुम्बई-400 002
वेबसाइट : www.rajkamalprakashan.com
ई-मेल : info@rajkamalprakashan.com

मुद्रक
यश प्रिंटोग्राफिक्स
नोएडा-201 301 (उत्तर प्रदेश)

MAIN KOI AUR
Diary by Padmaja

Date. 22. 11. 2017

कमल पद्‌मजा

क म ल प द्‌ म जा

रू र अ

Date. 22. 11. 2017

क का कि की कु कू के कै को कौ

काकी काका कोक केक कुक

म मा मि मी मु मू मे मै मो मौ

मामा कामे कमि मीकू

Date. 23. 11. 2017

अ अ

अ ल

Date-08-02-18

बच्चे पतंग उड़ा रहे हैं।

बच्चे आँख मिचौनी खेल रहे हैं।

बच्चे साथ-साथ पढ़ रहे हैं।

लड़की बछड़े को खाना खिला रही है।

बादल गरजे घड़ घड़ घड़
पानी बरसे टप टप टप
मेंढक करते टर टर टर
ढोलक बाजे ढम ढम ढम
घण्टी बाजे टन टन टन
पायल बाजे छम छम छम

क्रम

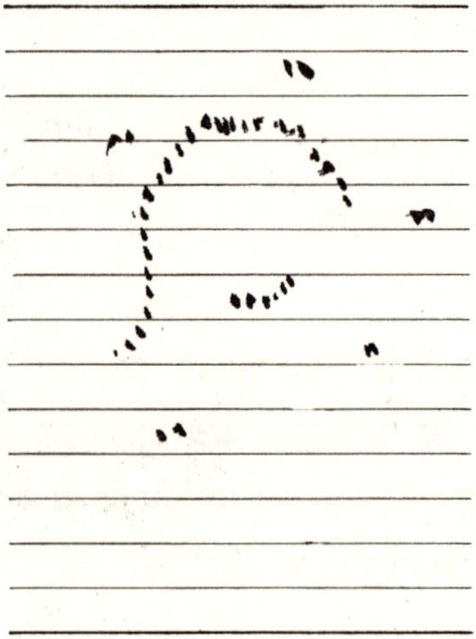

प्रस्तावना

We are memory.

—J. krishnamurti

जीवन की शुरुआत में सब कुछ सीखना होता है—चलना, पानी पीना, चीज़ों और लोगों को पहचानना...सब कुछ। यह याद रहता है और ताज़िन्दगी काम आता है। पद्मजा ने यह सीखना दो बार किया है। पहली बार, सबकी तरह ही बचपन में और दूसरी बार उम्र के तीसरे दशक की शुरुआत में।

यह कैसा लगता होगा कि सब कुछ ऐसे भूल जाना जैसे वह था ही नहीं? अक्षर, सम्बन्ध, लोग, जगहें और इनसे बना यह संसार अपरिचित हो जाए और पीछे जाकर कुछ भी जान लेने का मार्ग ही नहीं है। फिर से सीखने में यह जीवन में लौटना नहीं होगा, एक दूसरा ही जीवन होगा, जहाँ सब कुछ पहली बार है।

यह उसी समय की लिखत है जब पद्मजा, संसार से फिर से परिचय करने के क्रम में लिखना सीख रही थीं। उन्होंने लिखा कि अपने को बता सकें कि वो लिख रही हैं और शायद कभी बाद में पढ़ेंगी। इसीलिए यह किसी विधा में नहीं है, बस उस समय के मन को दर्ज करना है। उन्हें बस लिखना आना शुरू हुआ था, विधाओं से परिचय बाक़ी था।

फरवरी 2025

—महेश वर्मा

पद्मजा के बारे में पद्मजा

पद्मजा का जन्म जयपुर में हुआ था। स्कूल में जाने से पहले घर पर ही पढ़ना, लिखना सीख लिया था तो स्कूल जाके उसने कई सारे दोस्त बनाए और फिर 10वीं में स्कूल छोड़ दिया। उसे पढ़ना पसंद था। उसने नाटक करना, फ़ोटोग्राफ़ी करना और घूमना शुरू कर दिया था। अलग-अलग शहरों में लोगों से सीखना, सिखाना और खूब बातें करना, उसका सबसे मनपसंद काम था।

ब्रिटिश का एक ग्लोबल इक्स्चेंज होता था जिसमें वे इंडिया से 10 लोगों को लेंगे फिर वे इंग्लैंड जाके काम करेंगे। पद्मजा ने वेनचर आर्ट्स, मैनचेस्टर में काम किया। वहाँ से इंडिया में आके उसने गाँव में बच्चों के साथ काम किया। कोलकाता में नेत्रहीन बच्चों के साथ फ़ोटोग्राफ़ी कार्यशाला की, उनकी तस्वीरें कई जगह प्रदर्शित हुईं। उसे एक्टिंग करना बहुत अच्छा लगता था तो वो अलग-अलग तरह के डायरेक्टर्स के साथ नाटक में एक्टिंग करती रही। इन सबके बीच में थोड़ा सा लिखना शुरू किया तो वो 'चकमक', 'प्लूटो' और 'साइकल' लिखा।

एक दिन वो भोपाल में एक राइटिंग वर्कशॉप में थी तब ही से सिर में तेज़ दर्द शुरू हुआ और फिर वो जयपुर आई। ब्रेन में 5 ऑपरेशन हुए तब याद में चीजों की अवधारणा थी पर इन अवधारणा में हज़ारों शब्द को जिस नाम से जानती थी, वो विस्मृत हो गए थे। ध्वनि/संकेत/वर्णमाला भी विस्मृत हो गए थे। फिर से चलना, खाना, कपड़े पहनना...वो सब भूल गयी थी। उसे गाना पसंद था तो उसे 4 भाषाएँ आती थीं, तब लग रहा था कि वे सब किसी एक गेम में ग़ायब हो गए थे। लेकिन वो खुश रहती थी। उसे पता था कि वो फिर से सब कुछ सीखेगी। ये जीवन में सब खो जाने और फिर से उसे जीवन में लेके आने की किताब है।

पद्मजा मुंबई में रहती है। फ़ोटोग्राफ़ी करती है, एक्टिंग करती है, फ़िल्म्ज़ बना रही है और बहुत कम लिख रही है। वो हर दिन सीख रही है।

नीली गुलमोहर

एक छोटे से पेड़ में होंगे लेकिन अब बड़े पेड़ में जा रहे हैं
या जहाँ पर रुकते हैं, वहाँ बहुत बड़ा पेड़ है।
अब कहीं और छोटे से पेड़ पर जा रहे हैं।
क्या पता मैं कहाँ जा रही हूँ।
जहाँ जा रही हूँ, वहाँ एक पेड़ ज़रूर होगा!

बारिश धीमे धीमे मेरे पास आ रही है। कभी नहीं भी आती है, लेकिन दूर से बारिश लगती है। मैं आराम से उसे देख रही हूँ। धीमे धीमे ज़ोर से बारिश आ जाती है। मैं और बारिश साथ में चल रहे हैं। बहुत पास में चल रहे हैं।

मैं दिल्ली से जयपुर जा रही हूँ। थोड़ी देर पहले ही नींद आ गयी थी, एकदम से आँखें खुली तो देखा 'बारिश'। मैं बारिश देख रही हूँ।

दिल्ली से जयपुर में, मैं यूँ ही आ जाती हूँ। काम भी यही हो रहा है। मतलब अभी तो।

बारिश धीमे से चली गई, और शाम हो गई। मेरी बस जयपुर पहुँच गयी।

बस से उतरी तो एकदम से लगा वाह! बहुत अच्छा लग रहा है। ऐसा मेरे मन को लगा। घर आयी, हाँ फिर से लगा घर है। एक बार फिर से घर। पापा, मम्मी और भाई है। ख़ूब बातें हुई, फिर सो गई। ओह! ऐसे नहीं सो गई। मैंने उन्हें बताया कि कल बैंगलोर जाना है।

"ओह! आज ही तो आइ हो, कल जाना है।" मम्मी ने कहा।

"बस थोड़े दिन में आ जाऊँगी। अशोक है ना, उन्होंने कहा है। एक फ़िल्म में थोड़ा काम करना है और मैं उनके बच्चे से नहीं मिली हूँ। उससे भी मिलना है, और भी बाक़ी लोग हैं।" मैंने कहा

"हाँ" पापा ने कहा।

अगले दिन मैंने सोचा, 8 बजे हैं और थोड़ी देर और सोती हूँ। इतने में मैंने फिर से देखा ओह! 9:30 तक तो फ़्लाइट है। जल्दी से जाने को तैयार हुई। फिर जल्दी से फ़्लाइट में बैठी। फ़्लाइट हमेशा बहुत अजीब सा है। यहाँ जाओ, वो पूछो, ये मत कहो और फिर एकदम बंद हो जाना है। मुझे सब बकवास लगता है। लेकिन जाना हो ही जाता है। कभी जाती हूँ। अच्छे से जाती हूँ। लेकिन कई बार फ़िल्म बनानी है, या कुछ और फ़ोटोज़ खींचने होते हैं तो जाना पढ़ता है। और ज़्यादा ज़्यादा है फ़्लाइट में जाना।

फिर मैंने फ़्लाइट में देखा कि सूरज है एकदम अजीब सा, इसलिए लगा

लो अब ये भी नहीं है। तो सो गई। थोड़ी देर बाद मुझे लगा कि मेरा हाथ ज़ोर से खिंचा गया था। पास में एक लड़की है, उसने मेरा हाथ कस के बकड़ा हुआ था।

"बस अब पहुँचने वाले हैं।" वो बोली।

"मुझे इतना डर लगता है कि क्या बताऊँ। माफ़ी चाहती हूँ, बस पहुँचने ही वाले हैं।" उसने ज़ोर से कहा

एकदम से मैं उठ गई थी। हाथ के डर से। मैं ज़ोर से हँसी तो और भी लोग थोड़े ज़्यादा हँसने लगे। वो लड़की भी।

अशोक अपने काम में गए है और मैं एक दोस्त से मिलने जा रही हूँ। पिछली बार जब जयपुर में इनका नाटक चल रहा था तब मैंने देखा था। इनसे और भी बात हुई थी। नाटक के बारे में किस तरह से म्यूज़िक कर सकते हैं या और तुमने क्या किया है वो भी बताओ, सारी चीज़ें। लेकिन इनको वापस आना था, तो अब इस बार बैंगलोर में मैं आ गयी हूँ तो अब मिलते हैं। एक कॉफ़ी के लिए। दूर जाना है लेकिन अच्छा लगता

है क्यूँकि हर जगह पेड़ है। जहाँ भी चल रही हूँ, पेड़। हर जगह पेड़ ही पेड़। मैं लोगों को नहीं देख रही हूँ, बस ऊपर देख रही हूँ। कुछ पेड़ है जो थोड़े छोटे हैं, और कुछ थोड़े और ऊपर के पेड़ हैं, या कुछ पेड़ इतने बड़े हैं जो लगता है धीरे से शुरू होकर चलते ही जाते हैं। आसमान में और पेड़ हैं। जो कहाँ ख़त्म हो रहे हैं पता नहीं।

बहुत सारे लोग हैं, जो कहीं और जा रहे हैं, लेकिन मैं पेड़ देख रही हूँ। ऐसा लगता है कि जैसे लोग एक जगह से दूसरे पेड़ में जा रहे हैं। हो सकता है, एक छोटे से पेड़ में होंगे लेकिन अब बड़े पेड़ में जा रहे हैं या जहाँ पर रुकते हैं, वहाँ बहुत बड़ा पेड़ है। अब कहीं और छोटे से पेड़ पर जा रहे हैं। क्या पता मैं कहाँ जा रही हूँ। जहाँ से जा रही हूँ, वहाँ एक पेड़ है जो बड़े पेड़ में हैं अब पता नहीं कहाँ जा रही हूँ। लेकिन ये पता है कि पेड़ ज़रूर होंगे। सभी कहीं न कहीं पेड़ के पास जा रहे हैं।

थोड़ी देर में मैंने एक फ़ूल देखा! अरे ये वही है जिसे कहते हैं 'नीली गुलमोहर'। इसमें थोड़े थोड़े गुलमोहर होते हैं लेकिन नीले होते हैं! एक जगह मैंने देखा 'बसंत रानी' वाला पेड़! ओह इतना सुंदर। बाक़ी के पेड़ों का नाम मुझे पता नहीं था लेकिन पेड़ हर जगह पर थे। तो इसलिए जैसे ही मुझे नीली गुलमोहर मिला तो मैं उन्हें देखती रही। ऊपर नहीं नीचे। जहाँ कोई ना कोई नीली गुलमोहर के फूलों को कुचलते हुए जा रहे थे। फिर और देखा तो बसंत रानी वाले पेड़ देखे। ओह इतनी सुंदर

है। मैं पेड़ देख रही थी और मुझे फिर से लगा इसका नाम बहुत गहरा होगा, फिर और चलती रही तो लगा इसमें तो गहरी सी हवा चल रही है। मैं यूँ ही देख रही थी कि इतने में ऑटो ने वहाँ पहुँचा दिया जहाँ मैंने कहा था। मैं ख़ुश हो गई।

देखा तो लगा वाह कॉफ़ी! कॉफ़ी पी रहे थे, मैं कब से कॉफ़ी पीने वाली थी। मतलब कल से।

म्यूज़िक के बारे में बता रहे थे कि, इन दिनों वो कैसे उन्हें बना रहे हैं। कैसा लग रहा है, इन दिनों बहुत दिनों तक कुछ भी म्यूज़िक बनाया, फिर अगले दिन फिर से लगेगा कि नहीं, ये तो अच्छा नहीं है। पिछली बार जयपुर में जो नाटक था, उसमें म्यूज़िक बनाया इन्होंने, वो बहुत कमाल था। किस तरह एक नाटक में म्यूज़िक इस तरह काम करता है वो अपने बारे में बता रहे थे। मुझे सच में बहुत अच्छा लग रहा था। फिर कुछ और बातें कर रहे थे। मैं उन्हें बता रही थी कि कहीं ना कहीं जा रही हूँ। बहुत काम भी हो रहा है, एक फ़िल्म बना रही हूँ। मतलब अभी के लिए इसलिए ही आ रही हूँ। नहीं तो अभी बस घर जाती और वहीं सोती रहती। भोपाल भी जाना है। वहाँ बच्चों के लिए कुछ लिख सकते हैं। पर यार जल्दी से ये काम हो जाए बस मैं घर जाना चाहती हूँ।

"तुम्हें घर पर ही रहना चाहिए। थोड़े दिन घर पर रहो, आराम से आओ जाओ लेकिन घर। क्यूँकि घर पर रहना मुझे भी अच्छा लगता है। तुम भी घर पर रहो" उन्होंने कहा

मैंने भी यही कहा कि सच में, मुझे घर जाना है।

अगले दिन मैं और अशोक भी चले गए। बंगलोर से वहाँ, जहाँ वो रहता है। मैं बंगलोर पहले भी आइ हूँ लेकिन उसके यहाँ नहीं गई थी। क्यूँकि ये वहाँ रहता ही नहीं था। इसे पता था कि मैं वहीं पर रहता हूँ लेकिन अब वहाँ नहीं रहता है लेकिन अब वहीं रहता है! हाहा! ख़ैर 2 घंटे हम बस में थे।

उसने थोड़ा बताया कि

"यहीं रहो तुम तो और अच्छे से। यहाँ एक छोटा बच्चा भी है और बड़ी बच्ची यहीं रहती है। उसके लिए एक और स्कूल है जहाँ वो जा सकती है या नहीं भी जा सकती।"

वो बता रहा था। मैं सुन रही थी। यहाँ पर भी और अच्छे से रुक जाऊँ तो मज़ा आएगा पर नहीं घर भी तो जाना है पर जल्दी से घर पहुँच कर भोपाल भी जाना है। तो मुझे जल्दी जाना है। ख़ैर! अशोक धीरे धीरे सो गया था। मैं इधर-उधर देख रही थी। बहुत सारे लोग भी थे। मैं आराम से बाहर देख रही थी। बहुत सारे लोग थे फिर बस धीमे-धीमे, चल रही थी। अशोक फिर उठा और उसने और भी चीज़ें बता रहा था।

"घर से 2 घंटे आगे तिरुव्नमलई है। कभी आना, तुम भी वापस, तब चलेंगे। वहाँ बहुत अच्छी जगह है।" एक और बात जो उसने बताया।

हम घर आ गए। प्रिय और उसकी लड़की। और एक छोटा सा और बच्चा। जिसे मैं मिल रही हूँ। सो रहा है। एकदम आँखे बंद कर सो रहा है। आँखें जो उसने खोली तो एकदम से उसने मुझे देखा। ओह बहुत सुंदर है वो। यूँ छोटे-से बच्चे को देखते है, तो सच में सुंदर लगता है, इस तरह वो भी ख़ूबसूरत लग रहा था।

उस दिन मैं आराम से सोई। अगले दिन ख़ूब सारा काम किया। अब सही लग रहा था क्यूँकि थकान मिट गयी थी। बादल, बारिश रोज़ रहे। मुझे बहुत अच्छा लग रहा था। हम लोग शाम को बीच बीच में घूमते तो और मज़ा आता। इस तरह छोटे बच्चे से भी मेरी दोस्ती हो गयी। तो वो मेरे साथ चल रहा था। एक दिन काम लगभग पूरा हुआ तो मैंने अशोक को कहा कि

"मुझे तिरुव्नमलई जाना है।"

अशोक को बहुत अच्छा लगा उसने कहा

"हाँ बिलकुल। अगली बार तुम आओ तो हम ज़रूर जाएँगे।"

"मेरा मतलब है कल जा रही हूँ।"

अशोक ने ये कहा

"क्या नहीं, नहीं अभी कैसे जाओगी? हम सब कैसे चलेंगे, नहीं नहीं, अभी नहीं जाना, बाद में जाना चाहिए।"

मैंने कहा

"अशोक मैं कल जाऊँगी।"

वो प्रिया से बात करने गया। मैं गई मैंने उसे कहा

"मैं कल जाऊँगी।"

उसने कहा

"अच्छा तो मैं तुम्हारे पापा से बात करूँगा।"

मैंने कहा

"हाँ तुम करना चाहते हो तो कर लो। उन्हें अच्छा लगेगा।"

अशोक ने कहा

"मैं सोचता हूँ।"

थोड़ी देर में उसने कहा

"हाँ जाओ।"

अगले दिन अशोक मुझे बस में बिठाने गया और मैं चली गयी।

गाना चल रहा था। बस में जो गाड़ी चला रहा था, उसी ने गाना भी चला रखा था। क्यूँकि मैंने देखा तो, एक बस चलाने और गाना गाने में

एक था वही कर रहा था। सब लोग चुप थे। मैं लोगों को देख रही थी। मतलब वो नहीं जानते लेकिन मैं देख रही थी। उसके बाद बस चलती रही फिर और मज़ा आया क्यूँकि बहुत लोग नहीं थे। कुछ कुछ लोग थे। मैं बाहर देख रही थी। पहाड़ थे वहाँ पर। इतने सारे छोटे पहाड़। और उन सबके साथ में लोगों के खेत थे। बार बार खेत में एक एक लड़की अपने काम में लग रही थी। मैं देख रही थी। लड़की अपने काम में मशगूल थी। हर एक खेत में एक लड़की यहाँ, कहीं पर दो दो लड़की भी थी। सभी लड़कियाँ अपने खेत पर बेठे बेठे काम करती जाती थी और तेज़ी से खुरपी चलाती जाती थी। अपने आस पास के पोधों के आसपास की घासफूस साफ़ करती जाती थी।

बस चल रही थी, इतने में एक और गाना बजा तो दो लड़कियाँ भी गाने लगी। वो दोनों मेरे पास में बैठी थी। इसलिए उनके गाने को, मैं भी सुन रही थी। बाक़ी लोग सो रहे थे। थोड़ी देर में मैंने सुना तो एक लड़का था वो भी गाना गा रहा था। वो जो भी गाना है, मैं नहीं जानती लेकिन ये सब गा रहे थे।

थोड़ी देर मैंने 'गुजरात पाकिस्तान से गुजरात हिंदुस्तान' को पढ़ा। इस किताब को पढ़ना अच्छा लग रहा था। मज़ा भी आ रहा था। इतने में मैं वहाँ पहुँच गयी थी। इसलिए यह किताब बाद में पढ़ूँगी। बस रुकी और मैं पहुँच गयी।

उन्हें thank you कहा और बस चली गयी। इतने में मैंने देखा कि सामने एक भवन पर लिखा था 'श्री रमन आश्रम'। केवल यही इंग्लिश में ये लिखा हुआ था, बाक़ी सब वहीं की भाषा में लिखा हुआ था।

ऑटो जब भी आने वाला था, देर तक आने वाला था। तो जब भी ऑटो के लिए मैं भूलती थी कि वो आजाएगा तब मैं उसे भूल गयी थी। मैं चल रही थी। ऑटो आने ही वाला है, मैं धीमे से चल रही हूँ, ऑटो ज़ोर से चल रहा है लेकिन जैसे ही वो देखता है कि इस लड़की को पूछना है

"चलो?"

तो धीरे से चलता है। इतनी देर में वो मुझे देखेगा और मैं आगे पीछे देखूँगी फिर उसे देखूँगी और कहूँगी

"नहीं चाहिए।"

बस इतनी सी बात है। लेकिन ये बात मेरे साथ में हर जगह होती है। ऑटो कि तरफ़ देखूँगी वो बोलेगा "चलना है।" ऑटो से जाना बहुत अच्छा लगता है लेकिन उससे ये कहना कि नहीं "नहीं चाहिए" ये भी और अच्छा लगता है।

ख़ैर छोड़ो ऑटो को। मैं शहर में घूमती हूँ। जहाँ भी जाती हूँ, घूमती हूँ। कहीं पर जाती हूँ तो मुझे सबसे पहले घूमने जाना है। मतलब पैरों से चलना है और घूमना है।

लेकिन मुझे ऑटो चाहिएगा। क्यूँकि अशोक ने यहाँ ऑटो को कहा है तो मैं देख रही हूँ वो आने ही वाला है।

तो पहले ऑटो वाले को कहा कि

“मस्जिद जाना है, नहीं नहीं मंदिर जाना है।”

ऑटो वाला कुछ भी बोला नहीं। मैंने एक और को कहा मंदिर जाना है, तो उसने जो कहा। वो मुझे समझ नहीं आया। इतने में एक और ऑटो आया और उसने कहा।

“अशोक दोस्त, चलो, आपको मैं आऊँगा।”

मुझे तब याद आया कि अशोक ने कहा तो था कि एक ऑटो को कहेगा। तो एक जगह मैंने होटल में कमरा लिया फिर हम मंदिल आ गए। फिर मैं इधर-उधर देख रही थी। काफ़ी लोग थे,

ऑटो वाले ने कहा “मैं फ़ोन करूँगा”

मैंने एक बार फिर से आँखे बंद की, एक बार फिर से सोचा और चप्पल खोल कर अपने पास रख ली। ऑटो वाले ने जब देखा कि मैं ने चप्पल उतर दी है और नंगे पाँव चल रही हूँ

तो उसने मुझे बोला कि

“आजकल तो सभी चप्पल पहन कर चलते हैं पर आप नंगे पाँव चल रही हो, बहुत अच्छा लग रहा है।”

उसने “नमस्ते” किया। मुझे अच्छा लगा, इतने में वो चला गया। धीरे धीरे मैं चल रही थी।

9/10/2018

वो चले गए हैं

धीमे-धीमे वो और बड़े हो गए,
मुझे बहुत अच्छा लग रहा था।
हाँ अब ज़्यादा सही है, अब और बड़े हो गए हैं।
इस तरह मैं बाल लम्बे रखती थी।

प्रमोद जी और मैं भोपाल जा रहे हैं। निधि और प्रभात जी भी मिले। तो हम चारों भोपाल जा रहे हैं। सुबह हम वहाँ पहुँचे तो सुशील जी मिले और नेहा भी। शशि मिली, तो और ज़्यादा अच्छा लगा। और भी इतने सारे लोग मिले कि एकदम से लगा 'वाह मज़ा आएगा'। सब लोगों को पता था कि कुछ ना कुछ लिखना है पर मुझे लग रहा था कि यहाँ सब से मिल लेंगे, फिर बाद में लिख लूँगी। तो हम सब लोग ख़ूब बातें कर रहे थे कभी गाने गा रहे थे बहुत मज़ा आ रहा था।

कुछ मेरे दोस्त हैं, मैं उनसे मिलने शाम को जा रही थी। उन सब से मिली, ख़ूब बातें हुई। वो नाटक की रिहर्सल कर रहे थे। सौरभ ने कहा कि आज हमारे साथ में ही घर चलो, मैंने कहा ठीक है।

हम लोग जाने वाले थे इतने में माँ का फ़ोन आया। उन्होंने मुझे कुछ बताया कि संदीप सर नहीं रहे। मैं कुछ कुछ बाक़ी लोगों की बातें सुन रही थी। इतने में मैंने फिर से कहा "माँ क्या हुआ? मैंने सुना नहीं।"

माँ ने फिर से बताया, तो मुझे एकदम से लगा कुछ समझ नहीं आ रहा है। माँ ने कुछ गड़बड़ बोला है। संदीप सर तो वही होंगे। माँ कुछ कुछ

बता रही थी लेकिन मैं कुछ और सुन रही थी। इतने में मैं सौरभ के यहाँ चली गयी। खाना खाया, ख़ूब बातें की। सुबह तक बातें। फिर थोड़ी देर सो गयी थी। इतने में सौरभ उठा उसने कहा

"मैं जाता हूँ। सब लोग जा रहे हैं, तुम यही रुक जाओ फिर बाद में चली जाना।"

लेकिन मैंने कहा कि

"मैं भी जा रही हूँ।" उनको बाय कहा और चली गयी।

एकदम से मुझे लगा कि माँ ने जो भी कहा था, वही तो सच है। संदीप जी अब नहीं होंगे। है ना। हाँ, वो चले गए हैं। हम सब लोग जहाँ पर है ना, वे कहीं और चले गए हैं। ओह, हाँ वो चले गए हैं। मैं अपने कमरे में पहुँची वहाँ नेहा भी नहीं थी। फिर मैं एक जगह पर बैठी। एक बार मुझे लगा कि साँस नहीं आ रही, पानी पियूँगी। फिर फिर से बैठी। फिर लगा कि मैं उन्हें फ़ोन कर देती हूँ, अच्छा नहीं फ़ोन कैसे करूँगी। 3 दिन पहले ही तो हमारी बात हुई थी।

बेंगलूर से जयपुर एक दिन के लिए आ गयी थी फिर 2 दिन में भोपाल जाना था। तो मैं जवाहर कला केंद्र गयी थी। मैं बस कॉफ़ी पीने चली गयी। जाने ही वाली थी कि लगा संदीप जी से मिल लेती हूँ। बहुत दिन हो गए। मैं गयी तो वे कुछ काम कर रहे थे। इतने में उन्होंने देखा तो बोले

“आओ बैठो।”

मैं हमेशा कुछ ना कुछ उन्हें बताती रहती हूँ। मैं वहाँ गयी, मैंने ये कहा, उन्होंने ये पूछा, फिर ये था, वो था। ख़ूब देर तक वो सुनते रहे थे। मैंने कहा

“अब आप भी तो बताइए।”

हँसे और बोले

“कुछ ख़ास नहीं यार।”

मैंने कहा

“आपको कहीं जाना चाहिए।”

उन्होंने कहा

“हाँ यार कहीं तो जाऊँगा।”

मैंने कहा

“अभी जाना चाहिए, इतने सालों से आप यही पर हैं। अब अभी जाइए, बहुत अच्छा रहेगा। jkk को थोड़े दिन भूल जाइए।”

उन्होंने यही कहा

“सच में बस यार ये वाला थोड़ा और काम हो जाए फिर मैं जाता हूँ।”

मैंने कहा

“आप अभी जाइए। आप जाइए आपको बहुत अच्छा रहेगा। सच में।”

उन्होंने कहा

"हाँ बेटा बस एक बार और काम हो जाए, तब चला जाऊँगा।"

मैंने भी कहा कि

"ठीक है, मैं फ़ोन करूँगी। आप चले जाइएगा। बहुत कमाल की जगह चले जाइए, पर जल्दी से।"

उन्होंने कहा

"हाँ बस अभी जाऊँगा।"

अब मुझे लगता है कि अब वो ऐसी जगह चले गए हैं जहाँ मैं उनको सोच नहीं सकती कि वो वहाँ पहुँच गए हैं। मैंने सोचा था कि किसी कमाल सी जगह पहुँच गए होंगे। या ये भी हो सकता है कि उनके साथ में उनके दो बेटे होंगे। और पत्नी भी। नहीं, बस वही गए हैं। सब को यहीं पर छोड़ के, अकेले चले गए हैं।

मैं बहुत चुप रही। बहुत चुप। फ़ोन बंद कर दिया क्यूँकि मुझे पता है कि सब जानते हैं कि मैं अकेले थी और जयपुर का कोई दोस्त मेरे पास में नहीं होगा। पूरे दिन मैंने फ़ोन बंद कर दिया था। शाम को देखा तो 65 लोगों ने फ़ोन किया था। पानी पीती रही लेकिन मुझे लगा मेरे पास में पानी नहीं है। पानी तो नहीं चाहिए। आयुषि ने कहा "तू सही रहना क्यूँकि शायद वहाँ पर कोई ऐसा नहीं होगा जो समझ जाए कि तुम्हें क्या हुआ है।"

मैं रो रही हूँ या हंस भी रही हूँ, लेकिन अपने आप को। इतनी बार देखा कि लगा कि वो यहाँ आ गए हैं। जहाँ मैं हूँ। उन्होंने जेकेके छोड़ दिया है और अब वो यहाँ आ गए हैं। फिर थोड़ी देर, मुझे लगा कि उनका फ़ोन आया है। वो कुछ कुछ बता रहे हैं या मैं आयुषि को कह रही हूँ कि उन्हें फ़ोन करूँगी। इस तरह मैं रोती रही, हँसती रही, चुप चाप रही।

अगले दिन मैं उठी। मेरे सिर में दर्द हो रहा था। मैंने अच्छे से खाना खाया, पानी भी पीया बहुत सारा। तब भी दर्द है। ख़ैर, फिर हम सब इधर-उधर बातें कर रहे थे। फिर लगा अब कुछ कुछ लिखते हैं। नेहा भी कुछ लिख रही थी, तो मुझे लगा मैं कहीं और घूमने जाती हूँ। चलती रही तब एक कमल देखा। कमल के फूल। तब मैं उनके पास ही बैठी थी। लिखना था बाशु ने चित्र बनाया और वो युकुलेले बजाता है। और उसकी दादी भी वही पर है। ऐसी कहानी लिखी जो सभी को सुनाया, सब को बहुत अच्छा लगा था। फिर एक और कहानी लिखी और इसे भी सुनाया। वो भी अच्छा लगा। लेकिन बस मैं थक गयी हूँ।

सुशील जी से बातें हो रही थी। उस दिन सब जा रहे थे। सब लोग बाय-बाय कर रहे थे। फिर मैं बाक़ी लोगों के साथ आ गयी इकतारा के ऑफ़िस में। फिर शाम को मैं दिल्ली जाने वाली थी। सुशील जी से बात हुई। वो इतने कमाल हैं, कि फिर मैंने उन्हें कहा कि मैं अगली बार भी आऊँगी। तो उन्हें इतना अच्छा लग रहा था। फिर बोले

"तुम बहुत अच्छा लिखती हो, इतना अच्छा लगता है, तुम फिर से लिखना। जो अभी सुना रही हो, वो और ज़्यादा लिखना।"

इतना अच्छा लगा, बहुत। और भी चीज़ें वो बता रहे थे। फिर उन्होंने कहा

"एक गाना गाओ।"

तो मैंने कहा

"नहीं अभी तो दर्द है, थोड़ा।"

उन्होंने कहा

"हाँ, धीमे से गाओ।"

मैं धीमे से गा रही थी। फिर मैंने दिल्ली के लिए ट्रेन ले ली।

जयपुर मुझे अभी नहीं जाना है। मैं दिल्ली आ गयी। मैं एक दोस्त है उसके यहाँ आ गयी। खाना खाया फिर सो गयी। तब तक सही है। सोने के लिए, आराम से पैर करके बैठती हूँ तो दर्द नहीं होता। इसलिए मैं बैठी, फिर आराम से सो गयी। सपना भी आया। फिर उठी तो फिर से दर्द हो रहा है। मेरी दोस्त ने फिर से कहा

"तुम डॉक्टर के यहाँ जाना।"

मैं और पुनीत। हम दोनों को सिर दर्द हो रहा था। हमारे एक दोस्त लेके

गए। फिर मैं आ गयी, सो गयी।

"मैं यही रहती हूँ। क्या हो गया?"

मैं पहले से ठीक थी। फिर मैंने कहा कि

"तुम जाओ।"

उसके बाद मुझे इतना तेज़ सिर दर्द हो रहा था कि मुझे लगा मुझे जाना चाहिए। इतना ज़्यादा दर्द हुआ कि मुझे लगा मैं अभी से डॉक्टर के पास जाती हूँ। पुनीत और गौरी मेरे पास आ गए। और हम सब गाड़ी में चल रहे थे। मैं आँखे बंद करके बैठी थी। इतनी देर में एक फ़ोन आया। इतने में मैंने गौरी को कहा

"वो फ़ोन उठा ले।"

फिर हम डॉक्टर के पास गए तो वहाँ इतने लोग थे कि मुझे समझ ही नहीं आ रहा था कि मैं क्या करूँगी, किसे कहूँगी? ये नहीं। फिर हम फिर से दूसरी जगह गए वहाँ और मुश्किल था। एक डॉक्टर था, उसको बताया तो बोला,

"हाँ तो कुछ और दवा लेलो। इतना क्या कह रही हों, दर्द ही तो हुआ है।"

मैं वहाँ से चली। गौरी और पुनीत आगे पीछे जा रहे थे। मैं एक जगह रुकी हुई थी। कुछ बोलती, तो कुछ और सोचती, लेकिन कुछ ना कुछ कहती रही थी। मुझे इतने लोग मिले जो कुछ ना कुछ दर्द में थे।

एक लड़की थी वो रो रही थी उसके हाथ में दर्द हो रहा था। एक लड़का था जिसका कान नहीं था। एक आदमी था, वो अपने दोस्तों के साथ था लेकिन वीलचेयर पे बैठा था। और उसके साथ के लोग बाक़ी लोगों से बात कर रहे थे। उस आदमी के पाँव नहीं थे। एक छोटा सा बच्चा था जो अपनी माँ की गोदी में था लेकिन उसका पूरा सिर बहुत बड़ा था। माँ उसे सोने के लिए कह रही थी और वो रो रहा था।

सब लोग किसी ना किसी दर्द में वहाँ पर थे। इसलिए मैं कैसे ये कहती कि डॉक्टर को बोल दे क्यूँकि पहले से इतने लोग थे जो कहीं ना कहीं दर्द में थे। मैं वहीं बैठी हुई थी। गौरी और पुनीत कहीं घूम रहे थे कि मैं कब आऊँगी और डॉक्टर को बताएगें कि क्या हो रहा है। इतने देर में मुझे लगा कि मेरे बहुत सारे लम्बे बाल है। बहुत सालों पहले थोड़े से छोटे थे, फिर मुझे लगता था कि जल्दी से लम्बे हो जाएँगे तब मज़ा आएगा। इसलिए मैं हमेशा लम्बे बाल रखती थी। हमेशा ऐसा ही रखती थी। धीमे-धीमे वो और बड़े हो गए, मुझे बहुत अच्छा लग रहा था। फिर मैं अपने कुछ दिनो पहले का फ़ोटो देखती तो बाल देखती और फिर से लगता कि अब पहले से और ज़्यादा बड़े हो गए हैं। हाँ अब ज़्यादा

सही है, अब और बड़े हो गए हैं। इस तरह मैं बाल लम्बे रखती थी। लेकिन अभी मैंने ज़ोर से बाल पकड़े और ज़ोर से बाल खींचे। और मुझे एकदम से लगा मेरे बाल खींच दूँ और सारे बाल हटा दूँ। कोई भी आ जाए और बस एक बार आ जाए और मेरे सिर के बाल हटा दे। बाल हटा देने से दर्द कम हो जाएगा।

गौरी ने एक बार फिर से पापा से बात की। तो हम कहीं और गए। एक डॉक्टर मिले। मैंने कहा

"मुझे बहुत दर्द हो रहा है। बहुत बहुत दर्द हो रहा है।"

मैंने मन में कहा कि

"मैं कुछ भी करूँगी, चिल्लाऊँगी, ज़ोर से बोलूँगी, बस एक बार मेरा दर्द सही से करदो।" ऐसा मैं बस मन में कह रही थी। लेकिन मैंने बस इतना ही कहा कि जल्दी से कर दीजिए।

एक नर्स आयी। उसने कहा बैठो। मैं बैठी। एक इंजेक्शन लेकर आयी। उसने कहा

"हाथ सीधे से करो"

मैंने किया। फिर उसने कहा

"बस दो मिनट में हो जाएगा सही।"

मैं चुप-चाप बैठी थी। फिर देखा तो 2 मिनट में एकदम सही हो गया था।

संजय का फ़ोन आया

“कहाँ पर हो तुम, मैं अपने पापा को लेकर हॉस्पिटल तक आया हूँ।”

मैंने कहा

“ओह! मैं भी तो डॉक्टर के पास आयी हूँ”

संजय ने कहा

“अरे, मैं बस आता हूँ जल्दी से।”

तो मैंने कहा

“नहीं मैं अब सही हूँ। अब एकदम सही हूँ।”

डॉक्टर से हम मिले और फिर आ गए घर। पुनीत को मैंने फिर से कहा कि वो इतनी बार घूमे, इतनी बार हमारे पास ही रहे, उनको फिर से शुक्रिया कहा। शाम को गौरी और प्रिया मौसी आ गयी थी। तो फिर मैं उनके साथ चली गयी। रात को उन्होंने एक और डॉक्टर, जो उनके बहुत पास में ही रहते हैं। उनको बताया। उन्होंने देखा। कहा

“ठीक हो जाओगी।” मैं सो गयी।

ख़ैर। सपना गया

आज भी मैं चिड़िया को देख रही हूँ।
पास में पीकु-पीकु कर रही हैं।
मुझे उसे सुनना अच्छा लग रहा है।
शाम तक वो बोलेगी और घर चली जाएगी।
फिर, फिर से कल आएगी।

अगले दिन मैंने उन्हें कहा कि मैं जयपुर जा रही हूँ। ऑटो से भी मुझे उतना अच्छा नहीं लग रहा था लेकिन मैंने ऑटो वाले से कहा-

"जल्दी चलो।"

मैं वहीं पर पहुँची, फिर मैंने, उसे देखा। और मुझे लगा, मुझे रोना है। लेकिन मैं हँसी। उसने तभी मुझे भी देखा और उसे लगा मैं बहुत ख़ुश नहीं हूँ। वो चुप रहा। फिर उसने कहा,

"जयपुर पहुँचने ही वाले है।"

इतनी बार मैं दिल्ली जाती हूँ, बहुत बहुत बार, ट्रेन से, बस से। बहुत

बार, लेकिन इस बार मुझे बहुत अच्छा लग रहा था। आराम से आँखें बंद करके बैठी हुई थी। 6 घंटे में पहुँच जाऊँगी, लेकिन मुझे इतना अच्छा लग रहा है कि एकदम सोने वाली हूँ या कोई सपना देख रही हूँ, या बाहर देख रही हूँ, कुछ सोच रही हूँ। लेकिन जयपुर में घर पर चलूँगी, ये सब नहीं सोच रही हूँ। ये कोई और सोच रहा है। मैं आराम से बैठी हुई थी। कुछ कुछ बातें कर रहे थे, फिर मुझे नींद आ गयी थी।

एक सपना भी आया। मुझे कई बार सपना आता है तब भी मैं लिख लेती हूँ। जो भी मुझे याद है, उसे मैं एक तरह से लिख लेती हूँ जिससे बाद में फिर से पढ़ती हूँ। उस दिन मैंने लिखा नहीं, क्यूँकि मैं तब लिखना नहीं चाहती थी। बस में अभी नहीं लिखना चाहती थी, लगा बाद में लिख लूँगी।

वो सपना मैं लिख रही हूँ।

मैं आराम से जा रही हूँ। किसी ऐसी जगह जा रही हूँ, जहाँ मैं कभी नहीं गयी हूँ। इसलिए मैं ख़ुश भी हूँ। इतनी देर में एक और अंकल मिले। वो भी वही जा रहे थे। मैंने उन्हें देखा तो उन्होंने कहा, तुमने और लोगों को नहीं देखा। इतने सारे लोग जा रहे हैं। मैंने कहा, मैं नहीं जानती, उन सबको। इतनी देर में मुझे इतने सारे लोग मिले। वे सब जा रहे हैं। मुझे थोड़ा अजीब सा लगा कि मैं अकेले जाने वाली थी, और अब इतने सारे लोग जा रहे हैं। और सब वही पर रहेंगे। पर कोई बात नहीं। एक लड़की है जो मेरी दोस्त है वो आयी उसने कहा मेरा बटन टूट रहा है।

तू उसे सही कर दे। मैंने कहा मैं नहीं जानती, तुम कर लो। तो वो ग़ुस्सा हो गयी उसने कहा अजीब हो तुम तो। मुझे फिर से लगा ये सब क्या हो रहा है। 3 दोस्त मिले। वो सब मेरे पास आ गए उन्होंने कहा कैसी हो। चलो हम सब जा ही रहे हैं। मैंने कहा कहाँ जा रहे हैं। तो एक लड़के ने कहा नाटक करने जा रहे हैं। मैंने कहा कि मैं नहीं चल सकती तो उसने कहा तुम तो हमारी किरदार हो। तो मैंने एकदम से कहा कि मैं नहीं चल रही हूँ। लेकिन हम सब एक बस में थे। सब लोग जा रहे हैं।

मैं बस में बैठी हूँ और मेरे पास एक और आदमी है वो भी कुछ कुछ फ़ोन पे बात कर रहे हैं। लेकिन हम तो बस में ही हैं। मैंने कहा। हाँ और नहीं तो क्या। फिर एकदम से सपना चला गया। इतनी देर में सब बैठे है। बस चल रही है। फिर मैंने फिर से आँखे बंद की और फिर से सपना देखा कि जो पास में बैठा है जो आदमी उसने कहा है, तुम्हारी वो दोस्त है उसने कहा है कि बटन ठीक कर देना। मुझे लगा, मुझे नहीं करना है। फिर से सपना गया और मैंने देखा। बाक़ी लोग हैं बैठे हैं। मेरे पास एक आदमी है वो फ़ोन कर रहा है। ये क्या हो रहा है। मैं तो बस में हूँ ना! मतलब अभी तो फिर सपने में हम बस में ही थे, कुछ और हुआ होगा। या ये भी हो सकता है कि सपने में और अब होने में, एक बस ही है जो मुझे कहीं न कहीं जाने दे रही है। मुझे फिर से लगा कि बस अब मैं उठी हुई हूँ। एकदम उठी हुई हूँ। तब फिर सपना चला गया। मैं बस में

थी या अब भी बस में ही हूँ। और सपना बस दोपहर में जल्दी से चला जाता है। ख़ैर। सपना गया। और हम एक जगह रुक गए।

सब लोग आ गए बाहर। मुझे एकदम से लगा कि बहुत दर्द हो रहा है। मैं बैठ गयी। पर मैं कुछ नहीं कह रही थी कि दर्द हो रहा है या कुछ भी। क्यूँकि और ज़्यादा दर्द हो जाता। उसने कहा

“क्या हुआ, दर्द हो रहा है।”

मैंने कुछ नहीं कहा। मैंने कहा

“अब चलते है बस में।”

उन्होंने कहा

“नहीं बहुत दर्द हो रहा है, रुको हम इसमें नहीं चलेंगे। कार करता हूँ।”

मैंने कहा

“नहीं अभी सही है।”

उसने बार बार कहा, मैंने कहा चलो,

“हम बस में चलेंगे। जिससे आए हैं उसी में।” हम दोनों उसमें बैठे। चले। जयपुर पहुँचे, घर आ गए। फिर मैं थोड़ी देर सो गयी।

मैं थोड़ी देर में उठी और मुझे एकदम से लगा कि मैं दिल्ली आ गयी हूँ, नहीं चंडीगढ़ में हूँ, या नहीं अभी तक तो भोपाल गयी थी, नहीं मैं घर में हूँ। घर आ गयी। इतना दिल कर रहा था। घर आ गयी। बहुत सारे लोग आए। कभी कोई कभी कोई। सब को लग रहा था गुनगुन को दर्द हो रहा है। पर जब भी लोग आते तो मैं और बात करती तब दर्द नहीं होता था। मैंने उन्हें कहा भी कि नहीं अब सही है। बीच-बीच में हो रहा था पर पहले से ज़्यादा सही था। मैं और अनु, जो मेरा छोटा भाई है। हम लोग ऊपर छतपे बैठे थे। कुछ कुछ बातें कर रहे थे। बहुत दिनो बाद हम मिले इसलिए वो अपने बारे में बता रहा था। मैं सुन रही थी। फिर हम चुप-चाप थे। फिर मैंने उसे कहा

"वो देख 2 चिड़ियाँ जा रही हैं।" इतने में वो नीचे चला गया था। तो मुझे फिर से लगा कि मैंने अपने बारे में ही कहा है। अपने को कहा कि वो देखो चिड़ियाँ, और इतनी देर में वो चली गयीं। फिर बाक़ी लोग फिर से आ गए। तब हम सब लोग छतपे बैठे। ख़ूब बातें की और मैंने शाम को देखा कि चिड़िया घर पर जा रही है। ख़ूब सारी चिड़ियाँ थी, बहुत सारी जो घर पर जा रही थी। सूरज धीमे-धीमे जा रहा था। हम सब को बहुत अच्छा लग रहा था।

मैं उस दिन, जब हम सब लोग छतपे बैठे थे, उस दिन को याद कर रही हूँ। आज जहाँ मैं ये लिख रही हूँ, आज भी मैं चिड़िया को देख रही हूँ। पास में पीकु-पीकु कर रही हैं। मुझे उसे सुनना अच्छा लग रहा है

इसलिए मैं उनको सुन रही थी। फिर से लगा अब कुछ लिखती हूँ, फिर से मैंने रख दिया और सुना फिर से पीकु-पीकु। वो बहुत कमाल वाली चिड़िया है। शाम तक वो बोलेगी और घर चली जाएगी। फिर, फिर से कल आएगी।

प्रमोद जी आए और उन्होंने कहा

"चलो हम केरमबोर्ड खेलते हैं।" तो हम सब बैठे। पहले तो वो बहुत ख़ुश थे, हंस रहे थे, ख़ूब बातें कर रहे थे। क्यूँकि तब उन्हें केरमबोर्ड उतना नहीं आता था। थोड़े देर में लगा "वाह! आपने ये गोटी भी ले ली है।"

फिर से लगा

"वाह, फिर से लगा! वाह क्या बात है।" इतने में प्रमोद जी को लगा वो तो बहुत अच्छा कर रहे हैं। तो इसलिए वो चुप-चाप बोलने ही वाले थे कि उन्हें ख़ुद को लगा कि अब इतना नहीं बोलना है। क्यूँकि वो तो कमाल कर रहे हैं। हम लोगों को और हँसी आयी। लेकिन वो एकदम चुप। मैंने कहा

"प्रमोद जी..." तो इतनी देर में मुझे चुप करके, खेलते रहे थे। हाहा बहुत मज़ा आया। बहुत प्यारे हैं वो।

वो चले गए। और मेरे दूसरे मित्र भी जाने को तैयार हो गए। अब फिर

से लगा अरे अब ये भी जा रहे हैं। 3 दिन हो गए अब जाना है। इसलिए एक दिन हमने ख़ूब बातें की। ख़ूब सारी बातें। ये भी हो सकता है कि हम चुप भी रहे लेकिन बात हुई थी। अगले दिन मैं उठी तो दर्द हो रहा था। मैंने उसे कहा

"मैं चलती हूँ, तुम्हें बाय-बाय करने" तो उन्होंने कहा कि

"नहीं तुम यहीं रहो। मैं फ़ोन करूँगा।" पापा ने भी यही कहा, कि तुम यहीं रहो। फिर वो चले गए और मैं सोती रही। फिर उठी, फिर से सोती रही।

बस रो रही हूँ

एक मोज़ा थोड़ा छोटा है।
जो कि मेरे पाँव में थोड़ा नीचे है और दूसरा मोंजा थोड़ा और ऊँचा है
कि मेरे गुटने के पास है। पर बाक़ी सब को सही लगता है।
पर बस मैं हूँ जिसे लगता है कि आज थोड़ा गड़बड़ है

हिमांशु जी आए थे। मैंने उन्हें कहा, मुझे दर्द हो रहा है। सिर में थोड़ा दर्द सा है। तो वो एक डॉक्टर के पास लेकर गए। उन्हें बताया। फिर हम घर आ रहे थे। वो हमेशा जो भी बात करते हैं, मैं ध्यान से सुनती हूँ। लेकिन इस बार उन्होंने कुछ कहा, मैंने फिर से नहीं सुना, फिर से उन्होंने कुछ कहा, तो मैंने कहा हाँ। पर वे समझ गए थे कि दर्द हो रहा है।

सोनाली को फ़ोन कर रही हूँ। मैंने उसे कहा, कि बस मैं आ गयी थी। थोड़ा सिर दर्द हो रहा है। बस नाटक करना है। मैं सही हो जाऊँगी। फिर बस आ ही रही हूँ। उसने कहा ठीक है, तुम जल्दी से आ जाना। आराम से डॉक्टर को बताना, सही हो जाएगा।

अगले दिन मैंने पापा को कहा कि डॉक्टर के पास जाना है। तो हम चले गए। डॉक्टर के पास ही जाऊँगी, और मुझे लगा कि मुझे वही रहना होगा। मैं वहाँ नहीं रहने वाली थी पर मैंने सोचा कि मुझे वहीं पर रुकना ही है। हम गए। डॉक्टर को भी लगा कि मुझे वहीं रुकना चाहिए। उन्होंने पापा को कहा कि 5 दिन, यहीं रुकना होगा। पापा ने कहा कि हाँ। उन्होंने मुझे कहा कि यहीं रहेंगे। मैंने कुछ भी नहीं कहा, क्यूँकि अपने मन को कहा कि हाँ यही तो रुकी हुई हूँ।

बहुत सारे लोग हैं। बहुत सारे वो लोग हैं जो बीमार हैं। और बाक़ी बहुत सारे लोग हैं जो बीमार नहीं है लेकिन किसी ना किसी की वजह से दुखी हैं। मैं उन सबको देख रही थी। सबको तो नहीं देखा होगा, कुछ-कुछ को देखा होगा लेकिन उनको देखकर मुझे लगा कि मैंने सब को देख लिया है। मेरे लिए अलग से कमरा नहीं है। अब सब उन लोगों के साथ में रहना है, जो बहुत दर्द में हैं। अभी तक तो मैंने देखा था कि ये बीमार हैं, अब मैं उनके साथ आ गयी हूँ। दर्द धीमे-धीमे कम हो रहा था। कई लोग भी आए। उनसे मैं मिली।

रात आयी तो मुझे नींद ही नहीं आयी। इतने सारे लोग हैं वहाँ। कभी किसी को ठंड हो गयी है। किसी को बहुत गरमी हो रही है। एक आदमी है वो बहुत खाँसता है। वो बार-बार ख़ासता है। एक लड़की है वो एक लड़की से बात कर रही है। बात कर रही है, मुझे समझ में नहीं आ रही।

उसकी भाषा अलग है। एक लड़का है वो फिर से पानी पी रहा है। फिर से पानी फिर से पानी। एक आदमी है, उसके साथ वो पानी लेने वापस जा रहा है। वो फिर से कह रहा है कि मत पीओ, फिर से वो पानी पी रहा है। मैं वही पर सो रही थी। इस तरह कि मैं सोई हूँ। लेकिन मैं वही बैठी रही। माँ सो गयी थी।

अगले दिन बहुत लोग आए। कुछ कुछ मुझसे बातें कर रहे थे। हिमांशु जी आए। मैं बैठी। फिर मैंने फिर से कहा मैं ठीक हूँ। फिर वो मुस्कुराए और बोले हाँ। माँ के यहाँ के, बहुत लोग आए थे। मेरी मासी मौसा आए। फिर नानी आयी। मैंने नानी को कहा कि मैं अभी सही हूँ। और इतनी देर में मैं रो रही थी। वो भी रोई और उन्होने कहा ठीक हो जाएगी बेटा। मेरा दर्द एकदम सही हो रहा था लेकिन रोना आ रहा था। मैं पता नहीं क्यूँ रो रही थी। मुझे फिर से लगा कि अजीब सा दर्द है। इसलिए रोना बहुत आ रहा है। लेकिन मैं रो क्यूँ रही हूँ?

जब भी मैं पहनती हूँ जूता तो मोज़े पहनती हूँ। मुझे बहुत अच्छा भी लगता है, इसलिए ख़ूब सारे मोज़े मेरे पास भी है। लेकिन हमेशा वो सारे मोजें साथ में रहते हैं। इसलिए ये नहीं होता कि एक यहाँ है, अब दूसरा कहाँ हैं? मोजें एकदम साथ में हैं पर वे हैं अलग अलग। जूते होते हैं इसलिए उतने लोगों को पता नहीं चलता। घर से मैं चलती हूँ तो मुझे लगता है कि मोज़ें गड़बड़ है। एक मोज़ा थोड़ा छोटा है। जो कि

मेरे पाँव में थोड़ा नीचे है और दूसरा मोंजा थोड़ा और ऊँचा है कि मेरे गुटने के पास है। पर बाक़ी सब को सही लगता है। पर बस मैं हूँ जिसे लगता है कि आज थोड़ा गड़बड़ है। रुक जाऊँ, चलूँ, या अजीब से पाँव से चलूँ, या किसी को बताऊँ। पर क्या बताऊँ। उस दिन पूरे दिन यही चलता है। और ज़्यादा से ज़्यादा ऐसा ही होता है।

उस दिन मुझे यही लग रहा था कि मैं सब को बता सकती हूँ या नहीं मैं किसी को भी नहीं बता सकती कि मुझे क्या हो रहा है। बस कुछ हो रहा है। दर्द नहीं है, खाँसी नहीं है, दुःख नहीं है, पता नहीं क्या है? मैं कैसे बताऊँ? पर बस मैं चुप-चाप हूँ, कुछ भी कह नहीं सकती। बस रो रही हूँ। माँ कहीं गयी तब मैं रोयी। पापा कही गए तब मैं रोयी। अनु गया तब रोयी। लेकिन रो रही थी।

रोज़ कुछ ना कुछ टेस्ट किए, जिससे पता चलेगा कि क्या हुआ है? तो भी कुछ आया नहीं। सही तरह से किया भी नहीं उन्होंने। क्यूँकि कल्चर किया ही नहीं। तब फिर एक दिन उन्होंने रीड की हड्डी से तरल पदार्थ निकाल कर टेस्ट किया, इसमें ये पूरी तरह देखते कि क्या हुआ है? पर नहीं देखा। यह टेस्ट बहुत दर्द करता है। तब भी उन्हें पता नहीं चला कि क्या हो रहा है। फिर मुझे वही पेन किलर दिया। जिससे मेरे सिर दर्द कम हो जाएगा। तो इस तरह 5 दिन बाद मैं घर जाने वाली थी। मैं बैठी थी और मैंने खाना खाया। उस दिन पापा ख़ुश थे कि मैं सही हूँ।

मैंने उन्हें कहा कि

"हम फिर से आएँगे, यहीं पर।" तो वो एकदम से चुप हो गए। उन्हें समझ नहीं आया कि मैंने ये क्यूँ कहा है। और मैं जानती थी कि हम फिर से आएँगे।

मुझे हमेशा ये सपना याद रहेगा

मैंने सपना देखा। सपना बहुत सुंदर होता है,
ऐसा लगता है, लेकिन कभी कभी वो बहुत डर वाला कुछ होता है
या ये भी हो सकता है कि वो दुखी वाला होता है,
लेकिन मुझे लिखना सपना ही होता है

कमरे में बैठी हूँ। पेड़ को देख रही हूँ। बस यूँ ही देख रही हूँ। मैं उसे फिर से देखती हूँ। 10 साल पहले हम आए थे इस घर में। तब ये पेड़ माँ ने लगाया था। ये मेरे साथ में ही थोड़ा सा था। बल्कि मैं इससे थोड़ी ऊँची थी। अब ये मुझसे कई गुना बड़ा हो गया है। मैं हमेशा इसे देखती ही रहती हूँ। इतनी सारी पत्तियाँ हैं इसमें कि उन्हें देखती ही रहती हूँ। कई बार, इस तरह पहली बार भी, फिर से देखती हूँ। शाम में ये धीमे-धीमे पेड़ और ज़्यादा घना हो रहा था। रात तक ये और घना हो जाता है। तब मुझे और ज़्यादा, बहुत बहुत दिनो पहले का पेड़ लगता है। उस दिन मैं पेड़ को देखती हुई सो गयी।

एक और दिन बीता, मैं नहा रही थी, फिर मैं जल्दी से बाहर आयी और मैंने पापा को कहा कि मुझे दर्द हो रहा है। पापा मुझे बहुत सिर में बहुत दर्द हो रहा है। पापा ने कहा कि कोई बात नहीं ठीक हो जाएगा।

मैंने कहा, पापा ने फिर से कुछ कहा, बस। फिर मैं सोई। थोड़ी देर नहीं, बहुत बहुत देर तक। 6 दिन के लिए मैं सो रही थी। उसके बाद मुझे बहुत बाद में पता चला, लेकिन तब तक मैं 6 दिन के लिए सो गयी थी।

मुझे एक बार नहीं, मुझे लगता है कि मुझे हमेशा ये सपना याद रहेगा। सपना जो आता है, उसी को सपना कहती हूँ। वो कुछ और भी हो सकता है लेकिन वो सपना हो जाता है। तब से मैं कहती हूँ मैंने सपना देखा। सपना बहुत सुंदर होता है, ऐसा लगता है, लेकिन कभी कभी वो बहुत डर वाला कुछ होता है या ये भी हो सकता है कि वो दुखी वाला होता है, लेकिन मुझे लिखना सपना ही होता है।

मैं पहाड़ देख रही थी। यूँ ही उसे देख रही थी। और भी दोस्त थे। तो मैं उन्हें कुछ-कुछ कह रही थी। फिर मैंने खाना खाया और फिर से ऊपर जाने वाली थी। इतनी देर में मैंने देखा, समंदर। बहुत बड़ा समंदर। मुझे इतना कमाल लग रहा था। तो मैंने एक दोस्त को कहा, कि देखो तो सही, एक बार। उसने देखा और उसने कहा ये तो हमेशा ऐसे ही होता है। तुम ऐसा क्यूँ कर रही हो, जैसे किसी ने पहली बार देखा है। मुझे एकदम से लगा, कि सबने देखा है और मैंने कभी नहीं देखा। कमाल है। मैं एक जगह बैठी थी। और मैं कॉफ़ी पी रही थी। ओह! क्या कमाल है। एक आदमी आया, उसने कहा

"तुम्हारे पास पेन है?"

मैंने फिर से देखा तो मेरे पास नहीं था। उसने कहा

"चलो कोई बात नहीं, चुन्नी है?"

मैंने कहा

"चुन्नी मतलब जो लड़की पहनती है वो क्या?"

इतने में मैंने फिर से कहा

"मतलब जो आदमी भी पहनते हैं वो वाला?"

तो उसने कहा

"मुझे तो लड़कियाँ जो पहनती है, वो चाहिए।"

मैंने एक चुन्नी पहन रखी थी। तो मैंने वो उन्हें दे दी। फिर वो चले गए। कोई भी नहीं था। मैं कॉफ़ी पी रही थी। फिर मैं इधर-उधर घूम रही थी। इतनी देर में मैंने देखा अनु है। वाह! इतने में वो आया और कहीं और जा रहा था। मैंने उसे ज़ोर से कहा

"कहाँ जा रहा है? मुझसे तो मिल।"

उसने कहा

"मिल तो लिया। अब जा रहा हूँ। मेरे दोस्त है ना वही पर हैं, वही जा रहा हूँ।"

फिर मुझे लगा कि वो बस इतनी देर आया और चला भी गया। फिर मैं समंदर के पास चली गयी। फिर से धीरे-धीरे चल रही थी कि एकदम से बहुत लोग मिले। वह आदमी दूर से मुझे दिखा, मैं गयी और मैंने कहा,

“चुन्नी कैसी लगी?”

तो उसने कहा

“चुन्नी तो पता नहीं मैंने तो तुम्हारा पेन लिया था।”

मैंने कहा

“क्या कह रहे हो?”

तो उसने कहा

“हाँ। ये देखो। पेन।”

मुझे बहुत मज़ा आया। मैंने कहा

“कोई बात नहीं, पेन अच्छा है। है ना।”

तो उसने कहा

“हाँ बहुत अच्छा है।”

मुझे लगा कि मैं पानी के और पास आ गयी हूँ। अब बस आधी गुनगुन पानी में चल रही है। फिर मेरे और भी दोस्त मिले। एक और दोस्त मिले जिसने कहा

“चलो कहीं और चलते हैं। पानी में।”

मैंने कहा

“नहीं मैं यही हूँ।”

तो उन्होंने कहा

“ठीक है। मैं आता हूँ।” फिर से मैं और पानी में थी। अब बस गले तक पानी है। लेकिन मैंने देखा कि बाक़ी तो सब लोग पहले से पानी में ही थे। थोड़ा सा पानी है। लेकिन मेरे लिए तो और ज़्यादा पानी हो रहा है। फिर मैंने देखा कि सब पानी में इधर-उधर जा रहे हैं। पानी में ऊपर चल रहे हैं। और मैं पानी में डूब रही हूँ। जैसे पानी मुझे अपने में डूबा रहा है। सब ऊपर चल रहे हैं। और मैं पानी में डूब रही हूँ। एक आदमी मिला। बहुत बूढ़ा। उसने कहा

“तुम मरने वाली हो।”

फिर वहाँ से चला गया। मैंने सब को कुछ कुछ कहा। जैसे एक लड़की को कहा

“सुनो, एक़बार सुनो तो। मुझे पकड़ो, मैं ऊपर आ जाऊँगी।”

पर वो चली गयी। कुछ और लोगों को कहा, कि सुनो, देखो, पर सब कहीं ना कहीं जा रहे हैं। बहुत देर मैं पानी में अपने को ऊपर खींच रही थी। फिर बहुत देर हो गयी। मैं बहुत थक गयी थी। मैंने एक बार फिर से कहा कि मैं मरने वाली हूँ।

आधे सिर में बाल नहीं थे

अपने को देखा। चेहरा देखा। अजीब सा।
और फिर मैंने सिर को देखा। आधे सिर में ओपरेशन हुआ था।
आधे सिर में बाल नहीं थे। मैंने देखा अपने को।
फिर से माँ और पापा की तरफ देखा, क्यूँकि मुझे लगा
कि मैं एकबार फिर से देखूँगी तो फिर से मेरे बाल सही होंगे।

मेरी आँखें उठी। मैं सो रही थी। हैं ना, अभी उठी हूँ। मैंने आँखे उठाई तो पापा विशाल कपूर से बात कर रहे थे। दोनों अपने से कुछ-कुछ बात कर रहे थे। मैंने देखा पापा को। तो उन्होंने कहा

"कैसी हो?"

मैंने कुछ भी नहीं कहा। फिर मुझे लगा कि हम फिर से आ गए हैं। हॉस्पिटल में ही हूँ। मैं अपना हाथ उठा रही थी इतने में पापा ने कहा

"नहीं तुम ऐसे ही रहना।"

मैंने देखा तो एक हाथ में ड्रिप लगी थी। मैंने उसे देखा। और दूसरे हाथ में थोड़ा दर्द भी था। वो भी उठा नहीं पा रही थी। जैसे किसी और का हाथ होगा, मेरा तो ये है ही नहीं। मैं चुप थी। मैंने पापा को कहा कि

"अब जल्दी से घर चलते हैं।"

पापा ने कुछ नहीं कहा। विशाल मिले। उन्होंने कुछ-कुछ कहा, मैंने उस तरह कुछ नहीं कहा। पर वो इतने सालों बाद मिले, मुझे बहुत अच्छा भी

लग रहा था। फिर उन्होंने कहा "मैं कल आऊँगा।"

मैं चुप ही थी। देवयानी जी आयी। वो मेरी माँ जैसी हैं। मुझे प्यार किया। माँ से कुछ बात कर रही थी। मैंने फिर से पापा को कहा

"अब चलते है ना घर"

पापा ने हम्म कहा। मुझे एक बार फिर से लगा, कि मैं जो कह रही हूँ, कोई समझ ही नहीं रहा। माँ, पापा, देवयानी, किसी को तो कहना चाहिए।

"अब चलते हैं ना पापा, बहुत दिन हो गए, मुझे घर चलना है।"

ये बोलने के बाद मैंने सुना अपने आप को। मैंने उन्हें कहा

"आऽऽऽ ब्बब्बब्बब्बब्ब आऽऽ आऽऽ हाऽऽऽ"

बस इतना मैंने उन्हें कहा। मुझे एकदम से लगा, मुझे बोलना नहीं आ रहा है। फिर बहुत देर तक ये कहना कि मैं बोलती हूँ। हिंदी ही बोलती हूँ। मैं इन सबको बताती हूँ, कि देखो, मैं बोल तो रही हूँ। बहुत देर तक सोचती रही। लेकिन मुझे समझ आ गया था कि मुझे बोलना नहीं आता है। बोलना, लिखना, पढ़ना, समझना। मुझे नहीं आता है। मैंने कुछ भी नहीं कहा। बाक़ी लोगों को अभी तक नहीं पता था। लेकिन मुझे पता था। इसलिए मैं चुप-चाप बैठी हुई थी। मैं बहुत देर तक सोच रही थी कि क्या पता मुझे बोलना नहीं आता लेकिन मैं पढ़ लेती तो कितना अच्छा रहता। या ये भी तो हो सकता है कि मैं लिख नहीं सकती लेकिन मैं बोल सकती थी। इसलिए तब मैं किसी ना किसी को बता देती, तो वो लिख लेता। है ना! लेकिन ये थोड़ा ज़्यादा है, मैं ये सब किसी को बता दूँ तो सही हो जाएगा। लेकिन मैं कैसे किसी को बता सकूँगी। कैसे बोलते हैं। अब जैसे मैं देवयानी जी को कहती कि देवयानी। तो वो समझ जाएँगी

क्या? पर नहीं मैंने देवयानी तो कहा ही नहीं है। मुझे देवयानी कहना ही नहीं आता। मुझे पता है कि देवयानी है, उनका नाम है देवयानी। मुझे पता भी है। लेकिन देवयानी मैं बोल ही नहीं सकती। मैंने अपने को चुप किया, और थोड़ी देर मुझे कुछ और देखना चाहिए, कुछ और सुनना चाहिए। हो सकता है मैं बोलने वाली, फिर से बोलने वाली हो जाऊँगी।

फिर और बहुत लोग आए। मेरे बहुत पास नहीं दूर दूर आ रहे थे। मैं उन्हें देखती रही। वो आए, उन्हें बहुत अजीब सा लग रहा था। फिर वहीं पर थे, और जा रहे थे। लेकिन उस दिन बहुत लोग आए। मुझे लगा कि मैं सबको शुक्रिया कह रही हूँ, लेकिन अभी नहीं कह सकती। हो सकता है पापा उन्हें कह रहे होंगे, या माँ उन्हें कह रही होंगी। फिर मुझे एकदम से लगा, कि एक्बार मैं अपना सिर देख लूँगी। है ना। हाँ, मुझे सिर देखना है। तो मैंने पापा से कहा, हाथ ऊठने के लिए कहा कि मुझे सिर देखना है। लेकिन मैंने उन्हें हाथ ऊठने को कहा। तो वो समझ गए। फिर उन्होंने माँ को कहा, माँ को लगा नहीं अभी नहीं देखने देंगे। बाद में। फिर से मैंने कहा। हाथ ऊठने के लिए। तो वो मोबाइल लेकर आए। और मुझे कहा कि बस तुम एक बार देख लेना। मैंने अपने हाथ में मोबाइल लिया और देखा। अपने को देखा। चेहरा देखा। अजीब सा। और फिर मैंने सिर को देखा। आधे सिर में ओपरेशन हुआ था। आधे सिर में बाल नहीं थे। और आधे सिर में थोड़े से बाल थे। मैंने देखा अपने को।

फिर से माँ और पापा की तरफ देखा, क्यूँकि मुझे लगा कि मैं एकबार फिर से देखूँगी तो फिर से मेरे बाल सही होंगे, फिर से देखा तो लगा, ओपरेशन हुआ है। बाल सारे हटा दिए हैं। मेरे बाल इतने बाल। मुझे हमेशा अच्छा लगता था कि बाल ऐसे ही रहेंगे। ऐसे ही सुंदर। ऐसे ही प्यारे रहेंगे। मैंने किसी को कहा नहीं, लेकिन मेरे बाल मुझे अच्छे लगते थे। कमर तक बड़े हो गए थे। मुझे अच्छा लग रहा था। है ना, और बड़े हो जाएँगे। हमेशा बड़े ही होंगे, है ना! पापा ने मुझसे मोबाइल ले लिया। मैं बहुत देर से अजीब सी हो गयी। क्यूँकि रोना बहुत बहुत ज़्यादा रोना तो हो सकता है लेकिन अब थोड़ी ना मैं रो रही हूँ। रोना तो हो सकता है लेकिन मेरे साथ में कुछ अजीब सा हो रहा है। रोना तो माँ भी रो रही होंगी और भी दोस्त हैं जो बीच बीच में रो रहे हैं। लेकिन मैं रो नहीं रही, क्यूँकि वो तो मैं तब रो भी चुकी जब मैं यहीं पर थी, थोड़ा सा दर्द हो रहा था। इसलिए मैं रो रही थी। अब दर्द नहीं हो रहा, अब देखो कितना ज़्यादा चीज़ें हो रही हैं कि अब मैं रो नहीं रही हूँ। मेरे बाल। जब मैं दिल्ली गयी थी ना। एक दिन दर्द हुआ था सिर में। उस दिन मैंने देखा था अपने को, और उस दिन मुझे लगा कि मेरे बाल कोई हटा दे। तो मुझे उस दिन याद आया। कि मेरे बाल हटा दो। इसलिए अब देखो हटा ही दिया। सब कुछ हटा दिया। मुझे पता नहीं कि कैसे करूँ, किसी को कह नहीं सकती, रोने वाली नहीं हूँ मैं, कुछ खा नहीं सकती, मैं अपने बाल फिर से नहीं देख सकती। मैं क्या करूँ?

बाल हटाने वाला आया। वह बचे हुए बाल भी हटाने वाला था। मैंने एक बार उसको चुप किया। फिर मुझे एकदम से लगा कि अब बाक़ी वो सब हटा दे। आधा तो हो ही चुका था। आधे में अब्रेशन हुआ था। बाक़ी आधे सिर में उसने बाल हटा दिया। माँ को बहुत दर्द हुआ था। वो रो रही थी। मैं चुप थी। एकदम चुप।

एक डॉक्टर आयी, अपने साथ में और भी नर्स लेकर आयी। फिर मुझे देखा, एक नर्स से बात कर रही थी। मैंने कुछ नहीं कहा। फिर उन्होंने मेरे सिर पर अच्छे से बेंटेज बाँध दिया था। बहुत धीमे से, बीच-बीच में डॉक्टर बोलती

"अभी सही है।" "अभी सही है।" मैंने हम्म किया। फिर चली गयी। डॉक्टर अपने नर्स से ख़ूब बातें कर रही थी। ख़ूब बातें। दोनों बहुत सालों से वहीं पर हैं। क्यूँकि नर्स ने कहा

"हाँ 6 साल तो हो गए।" तब मुझे समझ आया कि सालों से साथ में ही है। बहुत अच्छी दोस्त है, ऐसा लगा। मुझे अच्छा लग रहा था कि कम से कम मेरे सिर पर बेंटेज बँधा है, इसलिए अब मैं सिर को नहीं देख सकती। ये सोच के मुझे अच्छा लगा। क्यूँकि पहले वो पूरा सिर खुला था, जिसे मैं फिर-फिर से देखती थी। इसलिए और ज़्यादा दुःख हो रहा था।

कुछ-कुछ लोगों को देख रही थी। माँ फिर से मेरे कपड़े पहना रही थी। माँ और देवयानी जी। मैं उठी। पर मैं उठ नहीं सकती। मैंने फिर से ऊठने की कोशिश की, तो माँ और देवयानी जी ने फिर से मुझे उठाया। मेरे कपड़े पहनाए। फिर मुझे लगा, मैं चल नहीं सकती।

मैंने पाँव देखे तो मैं चल नहीं सकती थी। मैं बहुत देर से, दम लगाके, मैं चल नहीं सकती। कैसे चलते हैं? पाँव आगे से चलते हैं। जिसे जैसे भी चलेगा, पाँव से चल लेगा। लेकिन नहीं, मैं यहीं रहती हूँ। क्यूँकि मैं चल नहीं सकती, बोल नहीं सकती, बता नहीं सकती।

अब मैं ये सब लिख रही हूँ। उस दिन जो भी हुआ था। वो सब मैं अब लिख रही हूँ। मुझे बहुत रोना आ रहा है। मैं लिख रही हूँ और रो रही हूँ। लेकिन उस दिन मैं रो नहीं सकती थी। बस देख रही थी कि मैं इतनी सारी चीज़ें नहीं कर सकती। मैं बैठी थी। उस दिन मैंने बहुत सारे लोगों को, कुछ भी नहीं कहा। बस मैं चुप थी। उस दिन एकदम चुप। इससे सही रहा कि मैं ज़्यादा दुखी थी। लेकिन मरने ही वाली थी, लेकिन मैं मरने नहीं वाली थी, ये बात मुझे और ज़्यादा कमाल लगी थी। इसलिए मैं चुप थी।

और सो गयी

सबके साथ इतनी लाइट नहीं थी,
लेकिन मेरे लिए तो बहुत सारी लाइट थी।
क्यूँकि मेरे साथ में वही तो थी।
बाक़ी लोगों के साथ में बहुत सारे लोग थे, मेरे साथ में सिर्फ़ लाइट थीं।

अगले दिन मैं उठी। तो मैंने देखा अनु आया था। मुझे बहुत अच्छा लगा। जब भी वो आता, मुझे बहुत अच्छा लगता है। लेकिन इस दिन वो आ पाया तो मुझे बहुत अच्छा लगा। वो बैठा, उसने ख़ूब बातें की। वो हमेशा कुछ ना कुछ बताता है, मुझे अच्छा लग रहा था। पापा ने बताया कि वो कल भी यहीं पर था। वो तो हमारे साथ में ही रहता है। और भी बहुत लोग आते हैं उन्हें भी बताता रहता है। इसलिए कल जब वो आया था तब तुम सो रही थी। मैं हँसी। वो भी हँसा। उसे कहना था कि तू मेरे पास में ही रहना। ऐसा लगा कि उसे मेरे पास में ही रहना चाहिए। ख़ूब सारी बातें करेंगे। या नहीं मैं तो नहीं बोलूँगी। लेकिन तू मुझे बताता रहना। मेरा भाई है, हमेशा मेरा दोस्त है, इसलिए तो हमेशा साथ में ही रहना। लेकिन तब मैंने उसे ये सब नहीं कहा। तब और लोगों को पता ही नहीं था कि मैं बोल नहीं सकती। इसलिए मैं चुप थी क्यूँकि मैं अभी थोड़ी ठीक हूँ। बाद में बोलूँगी। अनु को मुझे बहुत सारी चीज़ें बतानी थी। लेकिन तब मैंने कुछ भी नहीं कहा। पर उसने कहा, इसलिए मुझे बहुत प्यार आया उस पर। जैसे मैं उसे प्यार से कहती कि मैं ठीक हूँ। फिर और भी दोस्त

आए। प्रमोद जी और कुन्तल आए थे। वो दोनो मेरे पास ही थे। दोनों बहुत ख़ुश थे। इसलिए मुझे भी बहुत अच्छा लगा था। लेकिन मैं जानती थी कि ये मेरे लिए बहुत दुःखी होंगे। लेकिन मैं सही थी।

मैं जहाँ रुकी हुई थी, जिस जगह में। उसमें एक और आदमी था। और उनकी पत्नी, और बेटा। और भी बहुत लोग आ रहे थे, उनको मिलने। तो एकदम से लगा, ओह बाक़ी लोग मुझे मिलने नहीं आ रहे, वो किसी और को मिलने आ रहे हैं। पापा ने कहा कि बस हॉस्पिटल में रूम नहीं है ना इसलिए हम अभी एक और आदमी है उनके साथ हैं। कल हम चलेंगे अपने रूम में। मैंने कहा। हम्म। मैं बहुत देर से उन्हें देख रही थी। एक आदमी हैं ख़ूब सारे लोगों से बात कर रहे हैं, आराम से खाना खा रहे हैं। अच्छा है। इतनी देर में उनका बेटा और लोगों को छोड़ने चला गया। उनके पास पत्नी थी। वे वही बैठी थी। इतनी देर में वो जो आदमी है, उन्होंने 'आ' 'आ' बोलने लगे। एकदम से अजीब से हो गए थे। वो ज़ोर ज़ोर से "आ आ" कह रहे थे। ज़ोर से बोल रहे थे। हम सब घबरा गए थे। माँ, पापा और अनु भी थे। उनकी पत्नी ने फिर से अपने बेटे को लेकर आयी। फिर पापा और माँ पास में आ गए। बहुत सारे नर्स और डॉक्टर आए। जल्दी से देखा, कि ये क्या हो रहा है। फिर सब लोग उन्हें लेकर जा रहे थे। मैंने उन्हें बहुत देर तक देखा। कि वो कुछ "आ आ" कह रहे थे और बाक़ी के लोग लेकर जा रहे हैं। इतना अजीब सा था। पापा को लगा मैं डर गयी थी। मैं डर नहीं गयी थी, लेकिन मुझे फिर से लगा कि ये इन्हें क्या हो रहा था। फिर बहुत देर तक मैंने कुछ नहीं कहा और मैं सोच रही थी कि मुझे भी ऐसा ही कुछ हो जाएगा। पापा को फिर से, ये पूछा। मतलब हाथ सिर पे ला के इशारे से मैंने समझाया कि इन्होंने मेरे सिर में क्या किया है? पापा कुछ चुप रहे फिर उन्होंने बताया कि

"तुम्हारे सिर में एक जगह पानी आ गया था। तो इन्होंने वो हटाया है।"

अब मेरे दिमाग़ में इतनी सारी चीज़ें थी, जो मुझे बोलना था। लेकिन मैं बोल नहीं सकती थी। इसलिए तब मैंने अपने आप को बहुत देर तक समझाया कि मतलब कुछ ज़्यादा पानी पहुँच गया है, या इन्होंने हटा दिया क्या, या मतलब जो मैं बोल सकती हूँ, वो वैसे कहाँ चला गया, या ये भी हो सकता है कि चलने में कहने में कैसे चलती हूँ, ये मैं कैसे भूल गयी हूँ। लेकिन मैंने कुछ भी नहीं कहा। फिर मैं एक दूसरे रूम में आ गयी। अकेले ख़ुद के रूम में। फिर मैं सो गयी।

डॉक्टर आए, वे बहुत अच्छे हैं। उन्होंने कहा

"कैसी हो?" मैंने कहा

"हम्म" इतने में वे कुछ और लोगों से बात कर रहे थे, और मैंने कहा

"हम्म हम्म"

तो इतने में वे चले भी गए, मुझे फिर से लगा कि मैंने ही तो कहा था कि अच्छी हूँ, उन्होंने मुझे सुना ही नहीं। बाद में मुझे पता चला कि 2 दिन में फिर से आपरेशन किया जाएगा। क्यूँकि अभी पानी पूरा नहीं निकला है। तब तक मैं यहीं हूँ।

रुचिर और ज्ञान आए। मुझे बहुत अच्छा लगा। हमेशा मेरे दोस्त हैं। उन्हें

आना ही है। मुझे लगा, आने ही वाले होंगे, इतने में वो आ गए। चंदन भी आ गया। अनु भी यहीं पर है। सब आ गए। मुझे अच्छा लगा। तो अब रोज़ पापा और माँ और बाक़ी लोग आएँगे, फिर रात को रुचिर, ज्ञान, चंदन और अनु आएँगे। मेरे साथ में रहेंगे। ऐसा ही मुझे लगा है। ख़ूब सारे लोग आए, ताबीना आयी, बहुत प्यार से रुकी मेरे पास, बहुत प्यार आया मुझे, स्वाति आयी, उसने मुझे कहा कि

"तुम्हें ये सारी चीज़ों के नाम पता है ना, जो कि अभी इस कमरे में हैं?"

मैंने हम्म हम्म कहा।

"तो मतलब बस, तुम्हें इतना कुछ पता है थोड़ी देर में फिर कह लेना, कि इन्हें ये कहते हैं, इन्हें वो कहते हैं। क्यूँकि पता तो तुम्हें है ही।"

मैं हँसी। अनु आया था, मुझे बता रहा था, तब मैंने उसे कुछ कहा, मतलब कुछ किया जो कि कहना ये है कि तबीना और स्वाति के बारे में कुछ बताए। तो उसने मुझे बताया कि वो दोनों घर आयी थी, और सब लोग मुझे यहाँ डॉक्टर के यहाँ लेकर आये। तब मैं उस तरह नहीं थी, जैसी अभी हूँ। जिसे पता चलेगा कि क्या हुआ था। हॉस्पिटल में मुझे रख ही नहीं रहे थे। कहा ये गया कि "बैड ख़ाली नहीं है। कहीं और ले जाओ।" तब ताबीना और स्वाति ने ख़ूब कहा कि "ये तो यहीं रहेगी।" तब यहाँ एक और डॉक्टर थे। वो उतने अच्छे डॉक्टर नहीं थे। उन्होंने पहले मुझे दर्द हो रहा था, कह कर यही पर भर्ती रखा था, लेकिन उन्होंने सही से इलाज नहीं किया था। इस कारण से ज़्यादा डर रहे थे। फिर अभी जो एक और डॉक्टर हैं उन्होंने कहा, कि इसे यहीं रखेंगे। तब से मैं यहीं पर हूँ। मुझे तबीना और स्वाति के लिए बहुत प्यार आया। पर मैं बार बार प्यार आ रहा था ही क्यूँ बोल रही हूँ। शायद प्यार बहुत

सुंदर सी बात है, शायद इसलिए कह रही हूँ कि मुझे बहुत प्यार आया। बोल नहीं सकती, इसलिए मैं बहुत प्यार से हाथ बढ़ा कर कह रही हूँ।

शाम को माँ और पापा घर चले जाते हैं। अभी बाक़ी लोग हैं। चंदन और रुचिर मेरे पास में है। मैं चुप-चाप लेटी हुई हूँ। चंदन मेरे पास बैठा है, उसने कुछ कुछ बातें की, अपने बारे में बता रहा है। बहुत दिनों बाद मिली, मैं चंदन से। बहुत अच्छा लग रहा था, अच्छा लगा कि वो भी यही पर है। रुचिर भी मेरे पास में ही था, उसने बताया कि वो दोनो रुचिर और ज्ञान यहाँ आ गए है, मुझे कहना था कि बहुत अच्छा रहा कि तुम दोनो आ गए, लेकिन मैंने अपने मन में कहा, और वो दोनो मेरे पास में ही थे। चंदन ने कहा

"तुम सो जाओ"

मैं सो रही थी, पर मैं सो नहीं रही थी। फिर थोड़ी देर सपने में सो गयी। थोड़ी देर उठी तो फिर से देखा ज्ञान और अनु मेरे पास में थे, उन्होंने बताया की रुचिर और चंदन कहीं बाहर गए हैं। तो अभी यहाँ ज्ञान और अनु मेरे पास में हैं। दोनों कुछ कुछ बातें कर रहे थे। ज्ञान ने कहा कोई फ़िल्म चलाता हूँ, फिर मैंने कहा चलाओ, इतने में मैं फिर से सो गयी। इस तरह मैं कई बार सोई थी। हर बार उठती और फिर फिर से सोती रही। उस दिन मैं ज़्यादा सपना भी देख रही थी। लेकिन उस दिन सपना रंगों वाला नहीं आया था। उस दिन वाला सपना ब्लैक एंड वाइट वाला

था। मुझे उतना याद नहीं लेकिन मुझे ये याद था कि मैंने फिर से सपना देखा था।

अगले दिन हिमांशु जी आए। वे थोड़ी देर वहीं पर बेठे थे। और भी लोग थे। वो चुपचाप बैठे थे। फिर जब सब चले गए तो मेरे पास बैठे, और एकदम चुप थे। मुझे बहुत अच्छा लगा। मैं भी चुप थी, वे भी, इसलिए मुझे इतना अच्छा लगा कि मैं एकदम चुप रह सकती हूँ, जब आप बोल नहीं सकते, आप चुप हैं, क्यूँकि आपके साथ हिमांशु जी है, वे भी चुप हैं। मतलब मुझे सही लगा। उन्होंने कहा-

"तुम अब ठीक हो जाओगी। एकदम सही की तरह हो जाओगी।"

मैंने हम्म कहा। अदिति आयी। उसने मुझे खाना खिलाया। मैंने बहुत दिनो में खाना खाया था। मैंने ज़्यादा नहीं खाया पर उसने इतने प्यार से खाना खिला रही थी तो मैंने फिर से खाया। वो कई बार आती है। मुझसे मिलने बहुत लोग होते हैं तो वो ज़्यादा नहीं आती लेकिन वो आती ज़रूर है।

अगले दिन ओप्रेशन होना था। पापा को लगा कि मुझे शायद पता नहीं है, पर मुझे पता था। मेरे कमरे में 4 नर्स आए उन्होंने आराम से उठाकर ट्रोली पे लिटा दिया। वो चारों नर्स लगातार बोल रहे थे।

"तू उठा!" "यहाँ उठाओ" "रुको रुको, एक बार फिर से उठाओ" फिर मैं आराम से वहाँ से चली। तो रास्ते में ऊपर की ओर मैंने देखा कि लाइट बहुत कमाल की थी। मैंने पहले जब किसी को मिलने आती थी तब मैंने लाइट को कभी ऐसा नहीं देखा था। क्यूँकि मैं सीधे जाती थी, उन्हें देखती थी, और आ जाती थी, लेकिन मैंने कभी लाइट को सही से नहीं देखा। इसलिए अब पहली बार जब मैं लेटी हुई हूँ और

मैंने अब इसबार नर्स मुझे लेकर जा रहे हैं और मैं लाइट को ऐसे देख रही हूँ। लाइट बहुत तरह की थी। ज़्यादातर सारी लाइट वाइट की थी, और बाक़ी कुछ कुछ ग्रीन की थी। इतनी सारी लाइट थी जो छोटे छोटे लाइट थी। बहुत सारी लाइट लेकिन छोटी। इसलिए मैंने उन्हें देखा तो आँखों से नहीं जा रही थी। आराम से उन्हें देख सकते हैं। सबके साथ इतनी लाइट नहीं थी, लेकिन मेरे लिए तो बहुत सारी लाइट थी। क्यूँकि मेरे साथ में वही तो थी। बाक़ी लोगों के साथ में बहुत सारे लोग थे, मेरे साथ में सिर्फ़ लाइट थीं। बहुत अच्छा रहा। बहुत मज़ा आ रहा है।

फिर जैसे ही हम वहाँ पहुँचे जहाँ आपरेशन होने ही वाला था। तो एक नर्स ने मुझे एक इंजेक्शन दिया, मैं उस सबको देख रही थी, और सो गयी।

थोड़ा भी याद है?

एक घड़ी है। मेरे थोड़ी पास में हैं।
मुझे बिलकुल भी याद नहीं कि अभी मैं दिन में हूँ या रात में।
नर्स आती हैं, यहीं पर होती है। कुछ चली जाती है
पर फिर से वाली नर्स आ जाती है।
पर जो भी है 6 बजे कोई ना कोई तो आएगा

फिर से आँखें उठी तो मैंने देखा, आब्रेशन हो गया है। एक़बार देखूँ कि किस का? ये देखने के लिए मैंने हाथ उठाया, तो फिर से लगा। हाथ किसी ना किसी काम में मशगुल हैं। एक ट्रिप से लगा है और दूसरा पहले से ट्रिप से बहुत ज़्यादा दु:ख रहा है। मैं बैठी थी। और मुझे लगा सिर एक और बाँटिज से किया है मतलब सिर में एक और आब्रेशन हुआ है। लेकिन ख़ूब सारी बेंटेच लगा हुआ है मतलब मुझे दर्द नहीं हो रहा बिलकुल अच्छा लग रहा है। फिर मैंने बाक़ी के लोगों को देखा। बहुत सारी नर्स हैं। और पहले एक डॉक्टर हैं उन्होंने बाक़ी के लोगों को देखा, मुझे नहीं देखा। चलो कोई बात नहीं। मेरे जो डॉक्टर है वो आयेंगे तब मुझे देखेंगे। और बाक़ी यहाँ बहुत नर्स हैं। पर बाक़ी के लोग कहाँ है? पापा, माँ, अनु और भी इतने सारे लोग हैं। यहाँ कोई है ही नहीं।

पापा आए थोड़ी देर बाद और उन्होंने कहा कि तुम 3 या 4 दिन के लिए यहीं पर रहना। वो समझ गए थे कि मुझे कहीं और चलना है, चाहे वही जहाँ मैं थी, वहीं पर। लेकिन अब मैं यहाँ हूँ, जहाँ कोई नहीं है। नर्स

है बस, डॉक्टर हैं बस। आपका कोई नहीं है। मुझे पापा को बहुत सारी चीज़ें कहना था, लेकिन मैंने बस हम्म हम्म कहा। फिर वो चले गए।

नर्स ने बताया कि सुबह 7 बजे कोई आ सकता है आपको मिलने और शाम को 6 बजे फिर से। इसलिए पूरे दिन 1 और 1 लोग आ सकते हैं। बाक़ी तो नर्स ही हैं। मुझे एकदम से लगा कि मुझे जाना है। बाक़ी लोगों के पास में जाना है। पर डॉक्टर ने कहा हैं कि बस 3 या 4 दिन यहीं रहो। 4 दिन मैं यहीं पर हूँ। क्या करूँगी मैं यहाँ पर। बोल नहीं सकती, इसलिए मैंने नर्स को, पानी जैसा कुछ कहा। मतलब हाथ से पानी पीया ये बताया। तो उसने अभी नहीं दिया। अभी नहीं पी सकते। कल आप पानी पीना। मुझे भी पानी नहीं चाहिए था, लेकिन मैं बस यूँ ही कह रही थी की मुझे पानी दे दो जिससे आज पूरे दिन में पानी पी लिया ये पूरा हो जाता।

कुछ खाना था लेकिन अब मैं मुँह नहीं कर सकती। दाँत ऊपर नीचे कुछ भी होते ही नहीं। मैंने किया भी तो एकदम ही दाँत एकदम जैसे बंद जैसे लगते हैं। आगे पीछे ऊपर नीचे, कुछ करते ही नहीं। इसलिए अब क्या खाऊँगी। मैंने कुछ नहीं खाया। लेकिन एक नर्स आयी उन्होंने मेरे मुँह से एक कुछ किया और फिर उसने दवा किया थोड़ी देर में मैंने देखा, मैं खाना खा चुकी हूँ। वो बहुत अजीब है।

एक घड़ी है। मेरे थोड़ी पास में हैं। मैंने उसे देखा कि साथ में कुछ 4 हो चुका था 6 बजे आएँगे। लेकिन मुझे ये तो पता चलेगा की 6 बजे आएँगे लेकिन ये नहीं कि अब सुबह 6 बजे आएँगे या शाम में 6 बजे आएँगे। मुझे बिलकुल भी याद नहीं कि अभी मैं दिन में हूँ या रात में। नर्स आती हैं, यहीं पर होती है। कुछ चली जाती है पर फिर से वाली नर्स

आ जाती है। इसलिए मुझे ये नहीं पता था कि अब शाम हो जाएँगी और सुबह होगी। पर जो भी है 6 बजे कोई ना कोई तो आएगा।

संजय आया। मैंने उसे देखा। मैं बहुत ख़ुश हुई, मैंने अपने को कहा कि अरे वाह संजय आ गया। मज़ा आ गया। उसने जैसे ही मुझे देखा, तो थोड़ी देर कुछ नहीं बोला। कि मैं क्या बोलूँगा। मुझे एक़बार से लगा कि मैं पहले जैसी नहीं हूँ, पहले जब मैं ठीक थी ना, तब एकदम सही थी, लेकिन अब थोड़ी अजीब हो गयी हूँ। इसलिए संजय को अजीब सा लग रहा है। फिर उसने कहा

"कैसी हो? पहले से ठीक हो?" कुछ कुछ बताया उसने अपने बारे में। फिर उसे लगा कि मुझसे एक बार पूछेगा तो मैं बोलूँगी कि वो क्या है जो हम दोनो ने थोड़े दिन पहले लिखा है। उसने मुझे कहा

"तुम याद है की हम एक फ़िल्म बना रहे थे। तुम थोड़ा भी याद है ऐसा कुछ भी?" मैंने कुछ दिन नहीं बोला फिर मैंने उसे कहा

"साइकल" वो ख़ुश हो गया। उसे लगा कि मैं बाक़ी की चीज़ें भूल गयी हूँ। मैं बोल नहीं सकती लेकिन फिर भी मैंने बोला। लेकिन मैंने एकदम सही से बोला था! "साइकल"!

तो उसे अच्छा लगा। फिर उसे लगा कि अब मैं सो जाऊँगी। तो उसने कहा

"मैं जाता हूँ। तुम्हारे घर पर ही हूँ। अभी जाता हूँ।" मैंने "हम्म" कहा।

मैं उसे बोलने वाली थी, कि तुम यहीं रुको! लेकिन मैंने उसे कहा "हम्म" बस यही कहा। क्यूँकि पता नहीं मुझे लग रहा था कि मैं बहुत अजीब सी हो गयी हूँ। वो यहीं पर रुकेगा तो मैं उससे और बातें नहीं करूँगी, और हमेशा जैसे करती हूँ, वो नहीं कर पाऊँगी। या मुझे ये भी लगा कि

उसे बहुत दु:ख सा हो गया है। इसलिए मेरे पास में रहेगा तो और दु:ख होगा। इसलिए मैंने कहा "हम्म"।

पर एक बाद फिर से होई! मुझे बहुत अच्छा लगा। कि मैंने "साइकल" बोली। मैं जब कुछ भी नहीं बोलती हूँ। तो इसलिए अब इस जगह मैंने एक बार बोला और एकदम सही। "साइकल"। वाह मुझे बहुत अच्छा लग रहा था। हो सकता है मैंने साइकल की जगह कुछ और बोलना होगा तो संजय को बहुत अजीब सा लगता शायद। उसे ये समझ आ गया होगा की मैंने कुछ और बोल दिया है। हो सकता है मैं "साइकल" बोलती लेकिन मैंने उसे "चाय" बोला था। कितना सही होता कि उसके लिए चाय आ जाता और वो आराम से चाय पीता! हम आराम से बातें करते फिर वो चला जाता! लेकिन मैं अच्छी होती क्यूँकि मैंने चाय बोला है और चाय आ गया है! लेकिन मैं उतनी अच्छी नहीं होती अगर मैंने साइकल नहीं बोला था। ऐसा भी तो कुछ हो सकता है। लेकिन नहीं मैंने उसे कहा "साइकल!" तो इसलिए उसको भी बहुत अच्छा लगा और मुझे तो बहुत बहुत अच्छा लगा।

मैंने संजय को बताया था कि मैं लिख रही हूँ। ये 1:60 साल बाद की बात है। उसे बता रही थी कि जब वो आया था हॉस्पिटल तब हम मिले थे। उसे बहुत अच्छा लगा और फिर उसने बताया कि फिर जब वो गया मुझे कहकर कि

"मैं अब चलता हूँ।" फिर पापा के पास बैठा था और उसने उन्हें बताया कि उसने कहा 'साइकिल'। तो पापा एकदम से उठे और बोले

"नहीं, वो कैसे बोलेंगी?" तब संजय ने कहा कि उसने साइकिल कहा मतलब कितना सही से उसने कहा। ये तो अच्छी बात है ना। पापा को भी एकदम से लगा वाह!

जब वो मुझे पिलके चला गया। तब मुझे लगा कि

"अरे, यहीं थोड़ी देर और रुक जाता।" लेकिन मैंने कुछ भी नहीं कहा। बाद में संजय ने बताया कि तब मेरे साथ काफ़ी चीज़ें हो रही थी। एक हाथ पे ड्रिप चली हुई थी, नाक से एक और ड्रिप था। सिर में एक और ड्रिप था। और पूरे दिन सिर में एक और डाला हुआ था। सब देखकर उसे लगा कि मैं यहीं से चला जाता हूँ। क्यूँकि संजय जब मुझे देख रहा था तो उसे कानो में एक डर सा हो रहा था। इसलिए वो वहाँ से चला गया। मुझे अब लग रहा है कि उसे और जल्दी चला जाना था। किसी का ये सब हो गया था तो फिर चले जाना था। लेकिन वो इतना अच्छा दोस्त है की वो वहीं पर रहा।

मैं वहीं पर रहती थी। हमेशा वहीं पर। क्यूँकि मैं सोचती थी कि अब कौन आएगा? तब तक मैं सोचती थी कि 6 बजे जो भी आएगा कितना मज़ा आएगा। तब तक मैं यही सोचती रहती थी। मतलब बीच बीच में। बाक़ी

भी चीज़ें मैं सोचती थी। जैसे कि मैं खाना नहीं खा सकती। क्यूँकि मेरा मुँह बहुत कम खुलता था। बहुत बहुत कम। इसलिए नाक में एक नली डाल रखी थी। तरल खाना इस नलिसे मेरे पेड में डाला जाता था। थे ना ठाट! ना तो खाना चबाना पढ़ता था और नहीं निकल ना पढ़ता था। दिल कमाल का हो गया था!

ऐसा बिलकुल भी नहीं था। मुझे हमेशा बहुत बहुत बेकार लगता था कि मुझे नाक से खाना खा रही हूँ। बिलकुल भी अच्छा नहीं लगता था। और मुझे इतनी भूख लगी थी। हमेशा मुझे बहुत भूख लग रही थी। पर मैं किसी को बोलूँ, जैसे कि एक नर्स आती थी मुझे खाना खिलाने मतलब मेरी नाक में कुछ खिलाने तो फिर बहुत ही कम का कुछ खिलाती और फिर मुझे लगा और भी खाऊँगी तो नहीं बिलकुल भी नहीं। तो इस तरह मैं बहुत भूख लगती थी। एक दिन मैं सो रही थी, मतलब सोने ही वाली थी इतने में मैंने देखा।

सोनाली आयी मेरे पास। आऽऽहहह! वो मेरे पास आयी, उसने मेरा हाथ पकड़ा। मुझे लगा मैं उसे कहूँ कि मैं आने वाली थी मुंबई और हम नाटक करते। लेकिन उसने नहीं पूछा और उसने कहा कि तुम सही हो जाना फिर से आना तब हम साथ में रहेंगे। मैंने उसे कहा कि तुम नाटक बनाना। इस तरह से मैंने उसे हाथ से कहा कि

"तुम नाटक करना।"

तो उसने मुझे कहा कि

"जब तुम सही हो जाओगी ना हम नाटक करेंगे!"

मुझे बहुत रोना आ रहा था। फिर उसने कहा कि वो घर पर ही है और

उसने जल्दी से कहा कि मैं जाती हूँ। मुझे एकदम से लगा कि अरे वो चली भी गयी। उसे और यहाँ पर रुकना था।

बाद में बता चला कि वो गयी एकदम से गयी और माँ से लिपट कर बहुत रोई! वो सोनाली है, मेरे कमरे में होगी, ये सोच के मुझे बहुत अच्छा लगा।

पापा आए, मुझे कह रहे थे कि वो अच्छे हैं, मैंने भी कहा कि मैं भी ठीक हूँ। लेकिन मैं लेफ़्ट साइट में चहरा नहीं घुमा सकती थी। मैंने पापा को कहा। ऐसे लेफ़्ट में करके थोड़ा सा। तो उन्होंने देखा कि चेहरा लेफ़्ट में नहीं कर सकती। पापा ने कहा कि

"अभी हुआ है अब्रेशन में। इसलिए कोई बात नहीं, थोड़े दिन में सही हो जाएगा।"

मैंने उन्हें पूछा कि

"मेरा सिर अजीब सा हो गया है ना?"

तो उन्होंने कहा कि

"नहीं उस तरह से सही है।"

मैंने उन्हें फिर से कहा हाथ से मुँह पे लगाके मैंने कहा

"क्या हुआ है?"

तो पापा ने कहा कि

"बस लेफ़्ट वाला अभी नहीं होगा, क्यूँकि अभी उन्होंने अब्रेशन किया है। बाक़ी सही है।" माँ आयीं। वो हमेशा रोती है। इसलिए वो आयी फिर बहुत रोयी भी। मैं हॉस्पिटल में होती हूँ तो लगभग रोज़ माँ को देखती हूँ तो वो ज़्यादा ज़्यादा रोती हैं। उन्होंने मुझे बहुत प्यार वाला कहा और रोयी। फिर अनु आया। ये मुझे कहीं और लेके जा रहे हैं। और भी डॉक्टर आयी। मैं फिर अपने कमरे में आ गयी।

हम चुपचाप बैठे थे

मुझे रोना भी है, लेकिन बाक़ी लोगों को लगेगा
कि मैं इसलिए रो रही हूँ, क्यूँकि मैं कुछ नहीं कर सकती।
जो बात सही है क्यूँकि मुझे फिर से घूमना,
चलना, उन्हें कुछ सुनना, बोलना, बताना अच्छा लगता है

इतने सारे लोग आए। बहुत दिनो में इतने लोग आए जिसमें, उस दिन कई लोग आए थे। मैं सो रही थी फिर धीरे धीरे लोग आ गए थे। मैं सो रही थी, फिर उनको सुना तब भी मैं सो रही थी। जैसे होता है ना कि एक जगह में आप सोचते हैं कि आप सो रहे हैं। एक सपना देख रहे हैं। और दूसरे जगह में लोग आ गए हैं। इसलिए ऐसा कई बार होता है कि आपको लगता है कि सपने में कुछ और लोग आ गए हैं। जिसमें सपने में तो आप कुछ और सोच रहे हैं और लोग अब अलग जगह में आ गए हैं। मैं उठी।

फिर सुदीप्ति आयी। मैं सो ही रही थी फिर एकदम से मैं उठी तो सुदीप्ति आयी थी। मुझे इतना प्यार आया। वो एकदम मेरे पास में बैठी थी, एकदम जैसे, वो मेरे पास में रहती है, वैसे ही उस दिन मेरे पास में बैठी थी। फिर मेरे पास देखा तो फिर से कहा "क्या गुनगुन?"

मैं हँसी! फिर हम दोनों बहुत देर तक वहीं बैठे हुए थे। उसे कुछ भी कहना नहीं था, लगा कि मैं जानती होगी, कि उसने क्या कहा। फिर मैंने भी कुछ नहीं कहा। हम चुपचाप बैठे थे। फिर वो मुझे प्यार करके चली

गयी। माँ ने बताया कि

"आज शाम को वो घर पर ही रहेगी।"

मुझे बहुत अच्छा लगा कि वो जहाँ मैं रहती हूँ, उसी कमरे में रहेगी।

थोड़ी देर मैं यूँ ही बैठी हुई थी। फिर माँ ने कहा कि सुधांशु आया है। मैंने उसे देखा। वो पहले भी आया हुआ था। तब इतने लोग आए थे, लेकिन तब मैं औप्रेशन में ही थी। इसलिए तब मैंने देखा ही नहीं कि इतने सारे लोग आए थे। सुधांशु आया। उसने कहा "जल्दी से ठीक हो जाना, अच्छे से! एकदम!" मैंने कहा

"हम्म!" फिर और कहा उसने

वो बहुत बात करता है। और मैं एकदम चुप थी। पर मुझे बहुत अच्छा लगा कि वो आ गया था। सुधांशु से मैं पता नहीं कम से बात ही नहीं कर रही थी। फिर और काम भी कर रही थी।

अनु आया। मेरे पास बैठा। उसने पूछा

"कैसी हो? अब ठीक हो?" मैंने कहा

"हम्म" लेकिन फिर से उसे मैंने कहा कि लेफ़्ट गर्दन नहीं हो रहा यार। मतलब मैंने ऐसा कुछ कहा, तो उसने कहा

"हाँ बस सही से हो जाएँगा। थोड़े दिन और।"

फिर उसने मुझे और भी लोगों के बारे में बता रहा था कि

"पहली बार जब ये सब चल रहा था तब इतने सारे लोग आए थे। तुझे पता भी है। सुमेर आया था और मूमल भी। यही पर थे। तब तेरे पास

में आते ही नहीं सकते थे। इसलिए यही बैठे थे। इतने सारे लोग आए। तेरे जो एक सर है ना सुधीर कसलिवल और अपनी पत्नी के साथ भी आए थे। तुझसे मिले ही नहीं। पर वे तेरे लिए आए थे। कितना अच्छा है ना।" मैंने उसे कहा

"हम्म।"

"इतने सारे दोस्त आए थे। जो जे के के में होते हैं ना। इतने सारे दोस्त है जिसे इतना अच्छा लगता है तेरे पास। हमेशा तुम सब लोग मिलते हो। वो सब आए थे।"

"अच्छा?"

"हाँ! अभिषेक भी आए थे। वो फिर से आएँग और तब तुझसे ख़ूब बातें करेगें। मैं तो यही पर ही रहता हूँ। अभी नहीं जा रहा जे के के। तू वहाँ है ही नहीं। तू है ही यहाँ पर!"

मैं हँसी! उसने कहा

"एक दिन जब भी सब लोग आयेंगे तब तुझे मिलेंगे! चंदन, रुचिर और ज्ञान यहाँ पर है ही, वे रोज़ शाम तक आ जाते हैं। पर रुचिर जा रहा है फिर बात में आएगा।"

मैंने कहा

"हम्म।"

मैंने उसे कुछ कहा लेकिन उसे समझ नहीं आया कि मैं उसे कुछ कह रही हूँ। मैंने उसे कहा था कि

"मेरा फ़ोन कहा है? मुझे कुछ लोगों को फ़ोन करना है।"

लेकिन फिर मैंने उसे कहा नहीं, क्यूँकि मुझे लगा कि मैं कुछ बोलती तो हूँ नहीं, अगर मैं अभी फ़ोन करूँगी तो कुछ बोलना मुझे आता ही नहीं। तो फिर क्या बात हो जाएगी। फिर मैंने उसे कुछ भी नहीं कहा कि मेरा फ़ोन कहा है? फिर थोड़ी देर फिर से मैंने उसे कहा या बस फ़ोन करने वाला मैंने उसे कहा कि

"फ़ोन कहा है?" तो उसने कहा कि

"तेरा फ़ोन तो घर पर ही है। बंद किया है। तू जब सही हो जाएगी, तब तू देख लेना। लेकिन अभी कुछ कर नहीं सकती ना उसे। इसलिए अभी बंद किया है।"

मैंने यही सोचा कि अब फ़ोन बंद है, मतलब मैं कैसे बताऊँगी कि मुझे क्या हो गया है? पर मैं उसे क्यूँ बताऊँगी। ना मैं बोल नहीं सकती, बता नहीं सकती, क्यूँ बिना? मैं आराम से उसे कह दूँगी और वो कुछ काम कर रहा है उसमें मैं पहले फ़ोन करूँगी तो अजीब सा हो जाएगा। एकदम से मुझे बहुत याद आयी। पहले कुछ दिनो से भी आती है लेकिन अभी इसबार में मुझे बहुत याद आयी। लेकिन मुझे उतनी ही बार लगा कि फ़ोन नहीं करना चाहिए। अब जो भी है, जो है। फिर से लगा मैं कैसे यहाँ हो गयी हूँ। कुछ बोल भी नहीं सकती। पहले हम कितने अच्छे से घूमते रहते थे, चलते रहते थे, बोलते रहते थे, और अब। अब तो वो सब मुझे भूल भी गए होंगे। पर मुझे तो इतनी बार याद आती है। मुझे रोना भी है, लेकिन बाक़ी लोगों को लगेगा कि मैं इसलिए रो रही हूँ, क्यूँकि मैं कुछ नहीं कर सकती। जो बात सही है क्यूँकि मुझे फिर से घूमना, चलना, उन्हें कुछ सुनना, बोलना, बताना अच्छा लगता है! क्यूँकि मुझे बहुत अच्छा लगेगा। लेकिन वो सब अब हो नहीं सकता। जब भी मुझे

रोना है तो मैं सिर पूरे सिर तक कर रही हूँ। क्यूँकि मुझे फिर से रोना है, लेकिन मैं सपको ये बताती हूँ मैं सो रही हूँ। हमेशा किसी को नहीं पता चलता कि मैं रो रही हूँ। इसलिए ज़्यादा ज़्यादा जब भी मैं रो रही हूँ, तो उस दिन वाइट ज़ादेर बहुत बार रोने में और ज़्यादा गीली हो जाती है। क्यूँकि मैं रोती रही हूँ।

मैं ही तुम्हारी मम्मी हूँ

मम्मी को फिर से लगा है
कि मैं माँ को माँ नहीं बुला रही हूँ।
मैं किसी और को कह रही हूँ कि वो माँ है।
मतलब क्या मम्मी मेरी माँ नहीं है क्या?

ख़ूब सारे दोस्त आ रहे हैं। इतने सारे दोस्त। मुझे बीमार होने में, मुझे ये पता चल रहा है कि कितने सारे दोस्त है मेरे! इतने सारे। रोज़ आते हैं! मम्मी को देखूँ तो मैं यही उन्हें कहना चाहती हूँ कि इतने सारे दोस्त आ रहे हैं तो ये कितनी अच्छी बात है!

लेकिन माँ को एक बार देखूँ तो फिर से लगता है कि इतने दोस्त नहीं आने चाहिए। किसी किसी को आना चाहिए। अब मैं माँ को कहना चाहती हूँ कि

"हम थोड़े दिन यही पर ही हैं। तो कितने सारे दोस्त है जो मुझे मिलने आएँगे। मुझे भी तो वो चाहिए! अभी जब मैं बेकार हूँ, चल नहीं सकती, उन्हें कुछ भी कहने नहीं जा सकती, उन्हें बोल नहीं सकती तो इसलिए अभी मेरे दोस्त आएँगे! कितनी अच्छी बात है।"

पर अब क्या करूँ। माँ हमेशा यही पर रहती है, और वो मेरे लिए ही हैं। इसलिए उनको लग रहा है कि नहीं इतने दोस्त नहीं आना चाहिए। पापा ने उन्हें कहा कि

“नही तुम दोस्तों को कहो कि वो ज़रूर आएँगे क्यूँकि गुनगुन को भी बहुत अच्छा लगेगा।”

पर अब जो भी है। हम मम्मी को कह रहे हैं पर वो कुछ और सोच रही हैं। पर अब माँ का क्या करें! वो प्यारी हैं लेकिन एकदम गुनगुन जैसी नहीं हैं! उनके कुछ कुछ दोस्त हैं वो आ जाएँ! बस वही चाहती हैं। और मेरे तो इतने इतने सारे दोस्त हैं कि मैं और ज़्यादा चाहती हूँ कि

“अब आएँगे” “अब आएँगे!”

“इतने सारे दोस्त हैं जो ज़िंदगी में कभी ना कभी मेरे पास में होते हैं! जो भी मिलता है तो कुछ ना कुछ दोस्त प्यारे दोस्त होते हैं! कितना मज़ा आता है! हर जगह में बहुत प्यार से आपके साथ होते हैं! जैसे हमेशा मैं भी होती हूँ, उनके साथ में! इसी तरह तो होते है दोस्त!”

पर मैं ये सब माँ को कैसे बताऊँ? पर अब जो भी है। चुप चाप दवा लो और सो जाओ! क्यूँकि कल फिर से आएँगे दोस्त! उनसे मिलना! ज़्यादा से ज़्यादा दोस्त हैं जो मम्मी को अच्छे लगेंगे! तो वो आराम से मेरे पास में रहेंगे!

पापा और अनु लोगों से पूछ रहे हैं कि मेरे सिर में अलग अलग चीज़ें हो गयी है। तो अब देखो कि डॉक्टर कहते है कि क्या करना चाहिए। पापा माँ को कुछ कुछ बता रहे थे। फिर उन्होंने बताया

"हम इतनी देर से बैठे फिर बात में वो आए। उन्होंने गुनगुन को देखा, फिर बोले कोई बात नहीं सही है। सही हो जाएगी।"

"एक और डॉक्टर हैं उन्होंने कहा tabariya कर रहे हैं तो सही है। थोड़े दिन और होगा लेकिन वो सही हो जाएगी।"

मैं भी सुन रही थी। कुछ ना कुछ डॉक्टर बता रहे हैं, ये देखके मुझे अच्छा लग रहा था। और tabariya कर रहे हैं ये सोचके और अच्छा लग रहा था।

फिर एक दो दिन बाद जब पापा और अनु आए तो पापा ने माँ को बताया कि

"एक डॉक्टर है जिन्होंने कहा है कि गुनगुन के लेफ़्ट में ओपरेशन करना होगा। मतलब गाल में चीरा लगाना होगा। तब हम जो हुआ है वो हटा देंगे।"

पापा ने उसे कहा कि मतलब

"गाल पे हमेशा बड़ा सा रहेगा।"

तो डॉक्टर ने कहा कि

"हाँ वो तो रहेगा। हमेशा ऐसा ही रहेगा, लेकिन साँस तो रहेगी।"

अनु और माँ को कुछ बता रहे थे। लेकिन मैं एकदम चुप हो गयी। एकदम से लगा कि मुझे किसी से नहीं मिलना। चुप रहना है। फिर पापा ने कहा है कि-

"ऐसे थोड़ी ना हम करेंगे। बिना बात यूँ ही कह रहे हैं।"

पर मुझे लगा कि पापा को भी डर लग रहा है। मुझे भी।

मुझे नहीं पता कि मेरे साथ क्या क्या हो रहा है। मुझे बिलकुल भी नहीं पता था कि ये सब क्या हो रहा है। बिलकुल भी नहीं होना चाहिए पर अब हो रहा है। और अब जो कोई डॉक्टर है जो कह रहे हैं कि मेरे गाल पे ओप्रेशन कर देंगे। तो मुझे एकदम से लग रहा है कि गुनगुन के लिए अगर ये लोग करते तो मैं ये कहती कि ये सब मत करो। हाँ अगर मैं गुनगुन होती तो। क्यूँकि मैं गुनगुन तो नहीं हूँ। मैं अभी कुछ और अजीब हो गयी हूँ। इसलिए अगर अब मुझे कहना होगा तो मैं क्या क्या कहूँगी, क्यूँकि अभी तो ये सब कुछ भी कर सकते हैं। और मैं जानती भी नहीं।

पर मुझे एक बार डर लगा। इसलिए नहीं कि मेरे सिर में गाल में ओब्रेशन होगा पर इसलिए कि पता नहीं क्या क्या कर सकते हैं ये सब। मुझे डर लग रहा था कि मैं हमेशा अपने गाल पे या पता नहीं क्या क्या ये सब करने वाले होंगे, ये सब सोचके मुझे बहुत अजीब सा लग रहा था। एकदम से लगा कि मैं कहीं ना कहीं चली जाऊँ। अभी के अभी कहीं ना कहीं चली जाऊँ। जहाँ किसी को जानती नहीं। चुप चाप चली जाऊँगी। उस दिन रात को भी मैंने सोचा कि जब सब सो रहे हैं तब चली जाऊँगी। लेकिन मैंने कुछ भी नहीं किया। मुझे एकदम से लगा कि मैं यहीं पर रहूँगी। उस दिन मैं फिर से चुप थी। हमेशा मैं चुप ही रहती हूँ।

अगले दिन मैं उठी और मम्मी को कहा, कि, नहीं मैंने बहुत देर से पहले पूछा कि मैं क्या कहना चाहती हूँ। मैं सोच रही थी कि वो समझ जाएँगी। फिर मैंने ये भी सोचा कि एक बार मुझे फिर से कहना ही चाहिए। तो मैंने मम्मी को कहा कि

"मम्मी कहाँ है?"

मम्मी ने कुछ भी नहीं कहा। फिर से मैंने उन्हें कहा कि

"मम्मी कहाँ है?"

मम्मी एकदम चुप थी। फिर उन्होंने कहा

"मम्मी नहीं है। मम्मी कोई और नहीं है बेटा। मैं ही तुम्हारी मम्मी हूँ।"

तो मैंने फिर से कहा

"हम्म"

मम्मी को फिर से लगा है कि मैं माँ को माँ नहीं बुला रही हूँ। मैं किसी और को कह रही हूँ कि वो माँ है। मतलब क्या मम्मी मेरी माँ नहीं है क्या? उन्हें फिर से लगा कि ये सब क्या हो रहा है। वो रोने ही वाली थी पर मेरे पास में नहीं रो रही थी।

मुझे फिर से लगा कि मुझे समझ नहीं आया। मुझे "पापा" कहना था लेकिन मैंने "मम्मी" कह दिया था। मुझे फिर से लगा कि मम्मी को समझ

नहीं पाई। उन्हें पापा कहाँ है? ये कहना था। फिर मुझे फिर से लगा कि

“ओह! मम्मी अभी तक नहीं जानती है कि मैं भूल चुकी हूँ। इसलिए पापा को मम्मी कह रही हूँ और मम्मी को पापा से कह रही हूँ। लेकिन अब क्या करें क्यूँकि मम्मी कुछ और सोच रही हैं कि मैं मम्मी कौन है ये जानती ही नहीं। और मैं कुछ कहने वाली थी कि मैंने बस ये कहा है कि “मम्मी कहाँ है” पर मैं कहने वाली थी कि “पापा कहाँ है?”

मैंने ज़्यादा कुछ सोचा नहीं, क्यूँकि मुझे पता था कि “मुझे बोलना नहीं आता है।” मम्मी ने पता नहीं क्या क्या सोचा क्यूँकि वो जानती ही नहीं थी कि “मुझे बोलना नहीं आता है।” मेरी माँ एकदम प्यारी सी बच्ची है जिसे अभी भी समझ नहीं आता कि अब क्या हो रहा है। वो एकदम प्यारी हैं जिसे अभी भी ऐसा ही लगता है कि उनकी बेटी इतना बोलती है तो उसे आता है बोलना। और मैं उनकी बेटी हूँ जिसे लगता है कि अब मैं बोल ही नही सकती तो मैं और कैसे बताऊँ कि मुझे बोलना नहीं आता है।

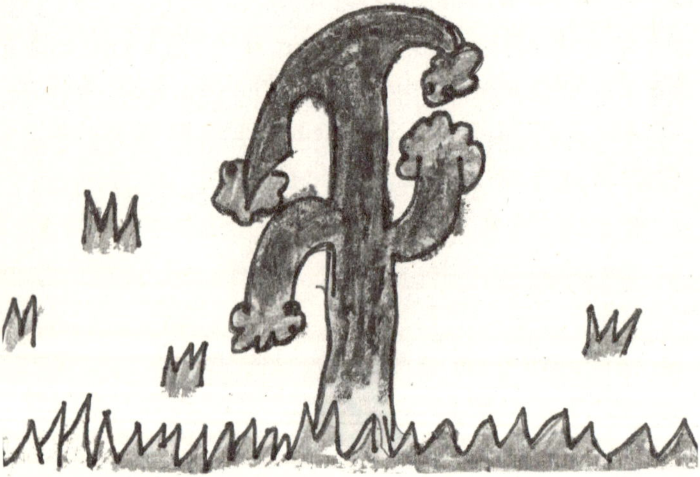

हवा, पानी, पेड़, खेत और भिक्षु

बस इतना सा मैंने सोचा
कि इतने में मैंने देखा कि एक भिक्षु भी जा रहे हैं।
आह, मुझे एकदम से फिर से लगा
कि मैंने जो भी सोचा था वही तो हो रहा है।

हर दिन कुछ कुछ बोलना ही है। कुछ कह सकते हैं, अपने बारे में बता सकते हैं। इतने सारे लोग हैं जो मुझे कुछ कुछ बोलते हैं। यही अच्छी बात है। लेकिन अभी मुझे मत सुनाओ, कि कहते हैं पद्मजा या पापा को कहते हैं कमल, या मेरा नाम बोलो। इसलिए हर जगह ये होता है, लेकिन मैं बहुत थक गयी थी। उस दिन मुझे कुछ भी बोलना नहीं आ रहा था। उस दिन मैं चुप थी, सो रही थी, या नहीं भी सो रही थी। मैं उस दिन सबको बताती कि मैं बंगलोर गयी थी। वहाँ ये, वहाँ वो, पता नहीं क्या क्या। पर अब बोल नहीं सकते इसलिए मेरा दिमाग़ ख़राब हो रहा था। इसलिए मैं चुप थी। आँखें बंद करके मैं सो रही थी। सोई नहीं थी लेकिन बस आँखें बंद किया हुआ था।

बंगलोर को ही याद कर रही थी। मैं तिरुव्नमलई गयी थी। फिर वहीं पर

ऑटो वाले भैया से मिली। और उन्हें बोला कि

"मैं जा रही थी। 3 या 4 घंटे में आऊँगी तब मिलेंगे।"

आँखें बंद की और एक बार के लिए मैंने अपने मन को देखा। फिर मैं चलने लगी।

धीरे धीरे मैं चल रही थी। अभी बहुत सारे लोग थे, फिर और कम हो गए थे। मैंने देखा कि पहले इतने सारे लोग कुछ कुछ काम कर रहे हैं, कोई घर जा रहा है, कोई वहीं रुका हुआ है, कुछ बच्चे हैं जो एक दूसरे को कुछ बातें बता रहे हैं, एक माँ है उन के पास में एक बच्ची है जिसे ज़्यादा बाल नहीं है, लेकिन उसने एक फूल लगा दिया है, वो बहुत कमाल की बच्ची है। एक औरत है जो आलू ले रहा है, कुछ और देख रही हैं कि ठीक है या नहीं लेकिन बस आलू ले रही हैं, एक आदमी कुछ और चीज़ें लेने के लिए आपको कह रहा है "ये ले लो।" ख़ूब सारे लोग है। मैं चुप चाप चल रही हूँ। इतने सारे लोग हैं जो धीरे धीरे मुझसे पास में चले जा रहे हैं, या मैं वहाँ से और ज़्यादा पास में चल रही हूँ। लेकिन बाक़ी लोगों का साउंड धीमे धीमे दूर चला जा रहा है। उनके साउंड में मैं और पास में आ गयी, और अब और पास में आ गयी। फिर एकदम से उनका साउंड नहीं आ रहा।

मुझे गज़रा भी बहुत अच्छा लग रहा है। मैं कई बात गज़रा लगा लेती हूँ। मुझे बहुत अच्छा भी लगता है। मैं चुप हूँ और चल रही हूँ। धीरे धीरे चलने में बहुत कम लोग हैं, इतने में फिर से और भी कम मिल जाते हैं। और फिर थोड़ी देर में कोई भी नहीं है। मैं चल रही हूँ और एक भी आदमी औरत नहीं है। कोई भी नहीं। और इतना कमाल का मौसम है। सच में। मुझे बहुत अच्छा लगा। शाम भी धीमे धीमे गयी और रात हो गयी है।। चाँद है आधा। एक तरफ़ एक पहाड़ है। जो शायद एक छोटा सा पहाड़ है लेकिन वो है बड़ा सा पहाड़। और दूसरी तरफ़ गाँव सा कुछ है। उनके खेत है, छोटे खेत! और चाँद हमेशा साथ में है। मुझे इतना ज़्यादा अच्छा लग रहा है। धीमे धीमे मैं चल रही हूँ और मुझे लग रहा है कि कुछ दिन यही पर रुक जाऊँगी। सब कुछ बहुत सुंदर। हवा चल रही है, ख़ूब सारी हवा। जो बहुत ज़्यादा भी नहीं कि मुझे लगेगा कि मैं ही उड़ने ही चली जाऊँ, थोड़ी सी हवा जो बहुत प्यारी हवा की तरह चलती है। पेड़ों में सायं सायं जैसा कुछ हो रहा है, पेड़ को देखती हूँ तो वो बहुत सालों से यहीं पर हैं। इतने सारे पेड़, इतने सालों से। कुछ थोड़े और ज़्यादा से पेड़ हैं जो यहाँ लगता है कि पता नहीं कई सालों से यहीं पर है और कुछ पेड़ है जो बस कुछ दिनों से यही पर हैं फिर यहाँ से कही और जाएँगें। खेत को देखूँ तो अलग अलग तरह के खेत हैं। खेत पानी में बहते हैं, एकदम से लगता है की खेत में पानी है। जिसमें ख़ूब सारे खेतों में पानी के उनके साथ में घूम रहा है। सब कुछ चाँद में दिख रहा है। मेरे पैर अब और भी ज़्यादा अच्छे लग रहे हैं, क्यूँकि

मैं इन सबके लिए कहीं से कहीं और जा रही हूँ, इसलिए पेर मुझे और ज़्यादा प्यारे लग रहे हैं।

इन सारें चीजों में मुझे एक बार लगा आह! यहाँ कोई भी नहीं है क्या? मतलब कोई भी आदमी जो आ के चला जा रहा होगा। एकदम से लगा कि मुझे डर लग रहा है। एक भी नहीं है। बस इतना सा मैंने सोचा कि इतने में मैंने देखा कि एक भिक्षु भी जा रहे हैं। आह, मुझे एकदम से फिर से लगा कि मैंने जो भी सोचा था वही तो हो रहा है। हवा, पानी, पेड़, खेत और भिक्षु। फिर और भी कुछ कुछ लोग जा रहे थे, मैं भी जा रही थी। कुछ कुछ और लोग मिलते हैं वहाँ पर, कुछ लोग वहीं सोते ही रहते हैं। और कुछ लोग बाक़ी के लोगों को उठाते हैं या ख़ुद भी सो जाते हैं। कुछ लोग हैं जो कुछ आपसे माँगते रहते हैं। जैसे मैं जा रही थी तो 2 या 3 लोग कुछ कह रहे हैं, पर ऐसा ही कुछ कि उन्हें "पैसे दे दो।" पर जैसे ही मैं उनके पास में आती तो वो चुप हो जाते। तो मुझे लगा पता नहीं क्या हुआ, इन्होंने पैसे माँगते तो अजीब सा होता, अच्छी बात है कि इन्होंने नहीं माँगे। फिर मैं और चलने लगी तो फिर से मिले लोग जो कुछ कुछ पैसे ले रहे थे, इतनी देर में मैं उनके पास में चली गयी तो फिर से वे चुप हो गए। मुझे फिर से लगा कि ये क्या हो रहा है? तब मुझे एक बार फिर से लगा कि मैं चल रही हूँ लेकिन चप्पल नहीं पहन रही हूँ, इसलिए जैसे ही मैं उनके पास में चलती हूँ और मैंने चप्पल नहीं पहनती हूँ तो इन्हें ऐसा लग रहा है कि ये अपने मन में कुछ माँग रही है और चप्पल नहीं पहन रही इसलिए पैसे रहने दो। इसलिए कोई मुझसे उस तरह पैसे नहीं माँग रहा। बीच बीच में कुछ लोग भी मिले, लेकिन आज के दिन ज़्यादा लोग नहीं आते, इसलिए मुझे बहुत अच्छा लग रहा था।

चलना मुझे बहुत अच्छा लग रहा है, हमेशा अच्छा लगता है। मैं जब भी जाती हूँ, जहाँ ख़ूब सारे लोग मिलते हैं, या कभी नहीं भी मिलते हैं, अकेले चलना मुझे बहुत अच्छा लगता है। इसलिए वहाँ चलना मुझे बहुत अच्छा लग रहा था। एक जगह से दूसरे जगह जाना है तो मैं चली जाती हूँ, कभी कभी होता है कि कहाँ से कहीं पर आना है। वहीं आज लग रहा है कि जहाँ से जाती हूँ वहीं पर फिर से आना है। बस यूँ ही आना है। शाम और भी ज़्यादा गहरी हो गयी है, हवा थोड़ी सी और गहरी हो गयी है, मैं चलने वाली हो गयी हूँ, जो कि अब थोड़ी सी और ज़्यादा धीमे से चलने वाली हो गयी हूँ। एक जगह मिली, तो लगा, हाँ यहाँ रुक जाऊँगी, फिर बात में चलूँगी। मैं वहाँ गयी, एक पानी पीया, 5 मिनट वही रुक गयी। तब मैंने उन्हें पूछा कि

"अभी क्या टाइम हुआ है?"

मतलब एक तरह से हाथ से टाइम पे पूछा। तो उन्होंने कहा

"11 हो गया।"

आह! 11 किलोमिटर हो भी गया! मैंने तो तब सोचा था कि 7 या 8 किलॉमेटर हुआ होगा लेकिन नहीं 11 भी हो गया। बढ़िया। 14 किलॉमेटर मैं वापस से वहीं पर पहुँची जहाँ से मैंने फिर से चली गयी थी। जब गयी थी, तब बहुत सारे लोग थे, कोई यहाँ से वहाँ तो कोई वहाँ से यहाँ आ रहे थे। बच्चे अपने माँ के पास में चल रहे थे, लड़कियाँ फूलों के लिए

बैठी थी, कि फूल ले लो, थोड़े और फूल ले लो। इतने सारे लोग थे। अब कोई भी नहीं है। सब लोग अपने घर चले गए हैं। मुझे भी अपने घर जाना है। मतलब आज के लिए मेरा एक घर है, वहीं जाना है। ऑटो के लिए फ़ोन किया तो उन्हें बहुत ही अच्छा लगा। उन्होंने कहा

"अच्छा बहुत अच्छा! 4 घंटे में आ भी गयी। बहुत अच्छा!"

मुझे भी अच्छा लग रहा था, लेकिन अब नींद आने लगी। मैंने बस हल्का सा खाना खाया और सोने के लिए लाइट बंद कर दिया। बस नींद आने वाली है, हल्की सी तो आ भी गयी थी। याद नहीं कौनसा सपना आने ही वाला था कि मेरे लेफ़्ट सिर में हल्का सा दर्द हुआ और फिर 1 सेकंड में बहुत तेज़ दर्द हुआ। मैं पैठ गयी फिर शायद 15 सेकंड तक दर्द चलता रहा और फिर मैं चिल्लाने वाली थी तब वो बंद हो गया। मैं उठी तो अब बिलकुल भी दर्द नहीं था।

अब मैं सोचती हूँ तो लगता है कि सिर ने मुझे बताया था कि सिर में कुछ ग़लत हुआ है। पर मैंने शायद उसे कभी याद नहीं किया। सुबह उठी और घूमना शुरू हुआ और अपना शरीर कैसा है, क्या हुआ ये याद ही नहीं किया। पर अब जीवन अलग हो गया है।

मैं सो गयी थी, आँखें बंद करके मैं सो गयी थी। फिर मैंने आँखें उठाई और अपने को देखा। 2 महीने कि तो बात थी, जब मैं बंगलोर गयी थी।

मैं वहाँ कितने दूर गयी थी। नंगे पाऊँ मैं वहाँ पे चली गयी थी। फिर मैंने अपने पाँव देखा, और फिर लगा कि मैं जल्दी से चलने वाली हो जाऊँ तब फिर चलूँगी। जहाँ भी होंगी वहीं पर चलूँगी। लेकिन चलना बहुत मुश्किल है, लेकिन फिर भी मैं सही हो जाऊँगी तो फिर से चलूँगी।

कमरे में मैं बैठी हुई थी और सूरज एक जगह से दूसरे जगह पर चल रहा था, मैं उसे धीमे धीमे देख रही थी। जिस पेड़ पर सूरज आ गया था, थोड़ी देर में सूरज वहाँ से चला जाता और तब तक वहाँ से शाम आ गयी थी।

दूसरे पेड़ पर अब भी सूरज था। सूरज पेड़ पे आ रहा था और जा रहा था, इस तरह पेड़ एक ही जगह पर था और सूरज आकर जाता और शाम उससे पहले पेड़ पर आ जाती थी। पेड़ में सूरज एकदम से आजाता है और शाम धीरे से पेड़ पर आती और शाम को वहाँ से चली जाती है। मैं कई बात सूरज को देखती हूँ जिससे शाम को, और ज़्यादा देखती रहती हूँ।

थोड़ी देर में पापा आए बोले कैसी हो? मैं हँसी। उन्होंने कहा 'चलो आज कोई कहानी सुनाता हूँ।' मैंने उनकी तरह देखा और ख़ुश हो गयी। मैं

आराम से बैठी हुई थी और पापा ने कहानी सुनाई। पापा बीच बीच में मेरी तरफ़ देखते, मैं कहती 'हाँ'। फिर उन्होंने सुनाया, फिर आराम से मेरी तरफ़ देखा और मैंने कहा 'हाँ'। कुछ देर वो सुना रहे थे लेकिन मुझे एकदम समझ नहीं आ रहा था, क्यूँकि मुझे नींद आ रही थी। लेकिन मैं बोल रही थी 'हाँ'। फिर से 'हाँ', एक बार फिर से 'हाँ'।

इतने में मुझे लगा कि पापा एकदम से उठे और बोले 'हाँ अब चलते है। चलो अब हम कहीं घूमने जाएँगे। मैं भी उठी और मैंने कहा हाँ चलो खाना खाएँगे! तो उन्होंने कहा ठीक है, चलो तो चलते हैं।'

इतने में मेरा फिर से सपना एकदम से चला गया और पापा ने मेरी तरफ़ देखा, मैंने सुना पापा कहानी सुना रहे हैं। मैंने कहा 'हाँ'। फिर थोड़े देर में मैंने फिर से कहा 'हाँ'। इतने में मैं फिर से सपना देखने चली गयी।

फूल वाले पेड़ थे। कुछ बच्चे वहाँ घूम रहे थे, मैं ख़ूब सारी हवा खा रही थी। इतने में मेरा फिर से सपना गया और मैंने सुना पापा ने कहा 'कैसा लग रहा है?' मैंने कहा 'हाँ'। बस इतनी बार मैं हाँ बोल रही थी कि एकदम से मुझे नींद आ गयी। फिर पापा शायत वहाँ से चले गए और मैं सो गयी।

मैंने सपना देखा होगा लेकिन अब मुझे याद नहीं कि क्या आया था। पर बहुत देर तक मैंने सपना सुना, उसी में घूमते हुए मैंने अपने को देखा। किसी कहानी में थी जिसमें मैं बहुत घूम रही थी, हवा बहुत दूर से आ रही थी, बहुत सुंदर था, मैं बहुत सारी हवा देख रही थी। हवा को सुन रही थी, बहुत सारी हवा अलग अलग तरह से आ रही थी, मैं हवा को प्यार से देख रही थी।

एकदम से सब चुप हो गए

तो फिर बहुत सारे लोग एक दूसरे में बातें करते हैं।
सब लोग ज़ोर ज़ोर से कहते हैं।
क्यूँकि बहुत धीमे से कहोगे तो उतना सुना ही नहीं देता

एक जगह मैं आ गयी हूँ। जहाँ कोई कोई आ सकते है। मतलब सुबह एक और शाम को एक और। डॉक्टर को लगा कि मुझे कहीं और रहना चाहिए। मुझे बिलकुल बेकार लगता है पर ऐसा ही है। मैं ख़ूब सारी चीज़ें सोचती रहती हूँ या मैं सोती रहती हूँ। ज़्यादा चीज़ें मैं सोचती हूँ तो मुझे लगता है कि मुझे सोना ज़्यादा अच्छा लगेगा, इसलिए मैं सो जाती हूँ।

अगले दिन शायद सुबह था या शाम मुझे एकदम से लगा कि मुझे समझना नहीं है कि अब क्या हो रहा है। मैं कुछ और सोच रही थी कि एक और डॉक्टर आए। वो मेरी तरफ़ हंस रहे थे। मैं भी अच्छे से ही हँसती हूँ। थोड़ा ज़्यादा हँसती हूँ क्यूँकि मुझे लगता है कि पूरे दिन में एक बार हँसना है तो ख़ूब हँसने में मैं हँसती रहती हूँ। उन्होंने कहा

"कैसी हो?"

मैं हँसी! फिर उन्होंने कहा

"बाक़ी के लोग भी बीच बीच में आते हैं, तुझसे मिलने"

मैं भी हँसी हुई थी। उन्होंने फिर से कुछ कहा

"और क्या हो रहा है? बस अभी जल्दी चलेंगे, mri होने वाला है।"

मैंने कुछ भी नहीं कहा। थोड़ी देर कुछ कह नहीं रहे थे। मैं एकदम बढ़िया थी। ख़ुश जैसा कुछ थी। तो उन्होंने कहा

"मैं अनु हूँ।"

मैंने कुछ भी नहीं कहा। फिर से उन्होंने कहा

"मैं तेरा अनु हूँ।"

मैं जो बहुत ख़ुश थी, एकदम से मुझे फिर से लगा कि ये क्या कह रहे हैं। मैंने बहुत देर से उसे देखा। हाँ वो मेरा अनु ही तो है। मुझे ग़ुस्सा आया और प्यार भी आया। दोनों साथ में। मुझे बहुत ग़ुस्सा आया क्यूँकि जैसे ही मैंने देखा कि उसने बाल हटा दिए और अब बिलकुल बाल हो गया है, तो मुझे बहुत ग़ुस्सा आया। और फिर मुझे बहुत प्यार आया कि मैंने सारा बाल हटा दिए इसलिए उसने भी सारे बाल हटा दिए। अब मेरे तो इतनी सारी चीज़ें हो गयी थी इसलिए पूरा बाल हटा दिया था। मुझे बहुत दुःख हुआ लेकिन अब जो है तो है। लेकिन उसने भी हटा दिया। क्या अनु भी। एकदम से मुझे ग़ुस्सा आया। वो मैंने उसे बताया कि मुझे बहुत ग़ुस्सा आया है। लेकिन मुझे इतना प्यार आया कि मैंने उसे बिलकुल भी नहीं बताया कि मुझे प्यार आया।

उसके बाद वो कुछ कुछ बोलता रहता लेकिन मैं नहीं सुन रही थी। मेरे

दिमाग़ में पता नहीं क्या क्या चल रहा था। मुझे याद आया कि जब हम छोटे से बच्चे थे। तब मम्मी ने मेरे बाल हटा दिए थे। तो हम दोनों बाल हटा चुके थे। वो चुप था, मैं रो रही थी। लेकिन हम दोनों बाल हटा चुके थे। बाद में मुझे अच्छा भी लगा लेकिन मुझे हमेशा बाल लम्बे रखने थे।

आज फिर से मैंने दोनो को देखा और मुझे बहुत प्यार आया उस पर। अनु क्या यार अनु, इतना प्यार है वो की क्या करूँ, लेकिन मैं बहुत ग़ुस्सा थी कि अनु बहुत बेकार है।

पापा आए और बाक़ी नर्स आयी। वो लोग मुझे mri लेकर जाने लगे। मुझे पता था कि अब बहुत मुश्किल होगा। क्यूँकि बहुत आवाज़ें आती हैं जो आपको ज़्यादा मुश्किल बना देते हैं। पर वो सही है, ऐसा सब को लगता है इसलिए मैं वहाँ गयी।

'मैं वहाँ गयी'

ये सब मुझे बोलना नहीं आता, और मैं बोलूँ, तब भी मैंने नहीं कहा।

सब कहते कोई बात नहीं, बस एक बार जाना है। कुछ ना कुछ कहते। पर नहीं मैं क्यूँ कह रही हूँ। मैं वहीं पर पहुँच गयी। और mri शुरू हुआ। बाक़ी के सारे लोग अपने कान बंद करके बैठे, बस मैंने सुना कि वो बहुत सारी अजीब सी चीज़ें आपको सुनायी देती है। वो बहुत कान में ज़ोर से खींचते हैं तो आपको लगता है कि इसे बंद कर दो। लेकिन

आप तो वही रहते हैं। सबसे पहले एक बहुत अजीब सा आवाज़ होता है, फिर और भी चीज़ें उसके साथ में चलती हैं। मुझे लगा कि मैं कुछ और सोच रही होती हूँ तो फिर से आवाज़ मेरे कान में पड़ आती है और जो बहुत ज़्यादा अजीब सा होता है। इतने में उन्होंने इसे बंद कर दिया। आह अब सही है एकदम से मेरे कान बहुत अच्छे से चुप हो गए। उन्होंने कहा कि

"फिर से करेंगे। आपने पाँव से क्यूँ किया। फिर करेंगे तो एकदम चुप रहना है। बिलकुल भी इधर उधर नहीं"

ओह, फिर से करेंगे। मतलब अभी तक छोटा सा जो हुआ अब उसके बाद में करेंगे ना, लेकिन नहीं शुरू से करेंगे। मुझे लगा था कि मैं एकदम चुप थी, लेकिन इन्होंने कहा है कि मेरे पाँव से कुछ आवाज़ आया। पर क्यूँ mri तो मेरे सिर का mri करना था ना, पाँव ने जो भी किया तो रहने देते ना। लेकिन नहीं। तो अब फिर से mri होगा। मैं चुप रहूँगी लेकिन मैं बहुत सारी चीसें सोचूँगी।

मुझे फिर लगा कि शायद मुझे ज़्यादा आवाज़ वाला अच्छा नहीं लगता है। जब भी ख़ूब सारे लोग ज़ोर ज़ोर से बातें कर रहे हैं तो मुझे लगता है कि नहीं इतनी बातें और ज़ोर से बातें, ये तो नहीं करना चाहिए। कोई गाना गाएगा तो मुझे बहुत अच्छा लगता है लेकिन बहुत ज़ोर से गाना गाएगा तो मुझे एकदम से लगता है कि यहाँ से कहीं और चली जाऊँगी जिससे ज़्यादा ज़ोर से नहीं कहो और धीमे धीमे से कुछ कहो। या कोई ग़ुस्से से कुछ बोलेगा तो मैं उसी वक़्त वहाँ से चली जाऊँगी जिससे जो भी ग़ुस्से से बोलेगा वो चुप हो जाएगा। या ग़ुस्सा करेगा, ये मुझे पता नहीं। कभी कभी होता है कि हमें किसी को बहुत ज़ोर से बुलाना है तो हमें बहुत

ज़ोर से उसे कहना है कि यहाँ आ जाओ। वो ठीक है क्यूँकि बहुत थोड़ा सा ज़ोर से कहना है। कितनी सारी चीज़ें हैं जो हम ज़ोर से कहते हैं। अभी मैं सोच रही हूँ कि हम सब लोग कई बार ज़ोर से कहते हैं लेकिन ग़ुस्से में बिलकुल नहीं कहते, या शायद कुछ लोग कहते हैं। या शायद ज़्यादा लोग ज़ोर से बोलते हैं। मैं चुप रहती हूँ। ग़ुस्से में भी चुप। थोड़ा बोलना चाहिए, लेकिन मैं चुप ही हो जाती हूँ। ये भी अजीब सी बात है। थोड़ा और मैंने सोचा कि फिर से आया कि आह, ये तो बहुत ज़ोर से कुछ हो रहा है। मेरा मन है कि ये ज़ोर से बोलना कितना मुश्किल है, लेकिन थोड़ी देर और। मेरा मन कर रहा है कि मैं अपना सिर इधर उधर करूँ, हाथ से अपने को सीधा करूँ, या नहीं पाँव को आराम से ऊपर करूँ। लेकिन अभी नहीं कर सकते। हमेशा मैं जब और जगह पे होती हूँ तब तो मुझे नहीं लगता कि हाथ, पाँव, सिर सीधा करूँ। लेकिन अभी लग रहा है कि अभी करूँ। जैसे भी करूँ, लेकिन थोड़ा सा तो करूँ।

कान एकदम सही था, लेकिन अब दर्द हो रहा है। एक बार लगा किसी ने ज़ोर से बोला है, इतने में लगा कि नहीं ये एक पूरा mri है, ये दुःख रहा है। ऐसा मुझे लगा। कान पहले थोड़ा सा दुःख रहा है और अब तो और भी ज़्यादा। बस अब होने ही वाला है, होने ही वाला है। कल मैं फिर से अब्रेशन जाऊँगी। तो अगर तब तक कान दुखेगा तो फिर इन्हें बोलना चाहिए कि नहीं अभी मत करो। पर ये सब को जो भी अच्छा लगता है, वो सब करेंगे। मैं चुप रहती हूँ, क्यूँकि मुझे उतना पता भी नहीं।

बस अब बहुत हुआ, बस थोड़ा सा और, ये सब चीज़ें मैं अपने को कह रही हूँ। mri बहुत मुश्किल है। बस अब होने ही वाला है। कान बहुत दुःख रहा है। mri और भी ज़्यादा ग़ुस्सा कर रहा है, ऐसा लग रहा है। जैसे कुछ लोग होते हैं ना जो घर में रहते हैं जो बहुत पुराने घर

में रहते हैं। पहले एक जगह फिर उसमें एक और फिर एक और जगह। एक भाई हैं उनकी पत्नी, और बच्चे फिर उनके एक और भाई हैं उनकी पत्नी और बच्चे, फिर उनका एक और भाई है और इतने सारे लोग और एक और भाई हैं, उन सबके लोग। तो फिर बहुत सारे लोग एक दूसरे में बातें करते हैं। और सब मिलके एक बार में रहते हैं। अब उस जगह बहुत ज़ोर से कहते हैं। सब लोग ज़ोर ज़ोर से कहते हैं। क्यूँकि बहुत धीमे से कहोगे तो उतना सुना ही नहीं देता। मतलब सोचो कि मम्मी ने कुछ कहा है, मुझे जो कहीं और है। तो मुझे समझ आएगा क्यूँकि वो ज़ोर से कहेंगी। मुझे समझ आ गया और भी इतने सारे लोगों को समझ आ जाता है। बहुत पहले जब मैं छोटी थी तब हम 2 साल वहाँ पर रहते थे। तब ख़ूब ज़ोर ज़ोर से बातें करते हैं। अब मैं कभी जाती हूँ तो मुझे ऐसा ही लगता है। अब हम एक जगह रहते हैं जहाँ बस हम 4 लोग ही रहते हैं। तो हमारे पीछे में एक और घर में लोग रहते हैं। वो 4 लोग हैं, जिसमें चारों बहुत ज़ोर ज़ोर से बातें करते हैं। तब मुझे समझ आया कि ये लोग पहले शहर में रहते थे, बस अभी आए हैं। इसलिए ये लोग बोलते हैं तो हमें भी लगता है कि कितना बोलते हैं लेकिन है तो बस इतना कि बहुत धीमे से बोलते हैं बस हमें लगता है कि बहुत ज़ोर से बोलते हैं। ये लोग वही पर रहते थे, इसलिए अभी भी ज़ोर से बोलते हैं।

इतने में mri हो गया। आह! एकदम से लगा अच्छा हुआ कि एकदम से सब चुप हो गए और मेरे कान को फिर से अच्छा लगा। मैं बाहर आ गयी, मतलब जिस जगह में मैं बैठी हुई थी वो बाहर आ गयी। पापा ने कहा, बहुत अच्छा बेटा, सही हो गया। मैं चुप थी क्यूँकि मैं एकदम आराम से अपने कान को सोच रही थी। अभी ठीक है, ऐसा लगा। फिर मैं आ गयी अपने कमरे में और सो गयी। क्यूँकि मुझे बहुत अच्छा लगा,

कि मैं सो रही हूँ या नहीं लेकिन जिससे बाक़ी लोगों को लगा कि मैं सो रही हूँ, तो फिर सब बहुत धीमे से बात कर रहे थे, मेरे कान को बहुत अच्छा लगेगा, मुझे ये बात बहुत अच्छी लगी।

मैं फिर से हँसी

तो उसे लगा होगा कि मैंने अभी बहुत दुखी वाला सपना देखा है।
हो सकता है कि मैंने देखा होगा,
लेकिन मुझे याद नहीं।
क्यूँकि मैंने एक और सपना देखा था
जब मैं बहुत ख़ुश हो गयी थी।

एक और जगह है, मैं उठी, वहीं पर हूँ जहाँ और लोग नहीं आते हैं। नर्स होती है। वो ख़ूब सारी दवा देती हैं। ख़ूब सारी दवा। मैंने सुबह से रात तक यही देखा कि वो मुझे दवा देने आती हैं। तो मैंने सोचा कि एक़ बार देखे तो सही कि कितना दवा ये देती हैं।

सुबह 5 दवा, फिर थोड़ी देर में 2 दवा। फिर मैंने देखा 3 बजे में 4 दवा। और फिर शाम को 7 दवा, और रात को 2। आह, सही है। इस तरह एक दिन में ये सब दवा होती है।

फिर मतलब दूसरे दिन फिर तीसरे दिन फिर चौथे दिन। फिर आगे भी ऐसे ही।

बाक़ी की नर्स ख़ूब बातें करती हैं, लेकिन मुझसे नहीं बात करती। ख़ैर, ये और किसी से बात नहीं करती। लेकिन बाक़ी लोगों से ये बात करेंगी तो वो सब सोते रहते हैं। सच में। इस जगह में मेरी तरह और भी लोग है, लगभग 6 लोग और हैं। जिसमें 6 लोग जो और लोग हैं वो सोते ही रहते हैं। एकदम सोते ही रहते हैं। कमाल है। मैं एकदम उठी रहती हूँ। सुबह उठ जाती हूँ, और रात तक उठी ही रहती हूँ। और ये सारे लोग एकदम सोते ही रहते हैं। मैंने कोशिश किया, लेकिन मुझे बोलना ही नहीं आता, इसलिए इतनी सारी चीज़ें मुझे कहनी हैं, पर अब बोल नहीं सकती। लेकिन बोलूँ तो किसे, जो की लोग हैं वो सो रहे हैं। नर्स एक दूसरे में ख़ूब बातें करती हैं। मेरे साथ में चुप रहती हैं, पर वैसे ख़ूब बातें करती हैं। बाक़ी जो 6 लोग हैं वो सो रहे हैं। मैंने सोचा इधर तरफ़ देखते हैं। लगभग सब लोग 60 से ज़्यादा हो गए हैं। मतलब बस मैं हूँ जो लगभग 24 की तरफ़ हो चुकी हूँ। बाक़ी सब इतने बूढ़े हो चुकी है। एक और आदमी है वो थोड़े से 50 के हैं पर सब इतने ज़्यादा दुखी हुए हैं। डॉक्टर आते हैं तो उन्हें कुछ कुछ कहते हैं तो फिर से रो रहे हैं। और बाक़ी के लोग तो एकदम सपने में हैं। शायद मैं इसलिए चुप हूँ क्यूँकि मैं बोल नहीं सकती इसलिए सब लोग एक कमरे में हैं, जो बात नहीं करते। बाक़ी लोग सो रहे हैं और एक लड़की है जो बोल नहीं सकती, इसलिए आराम से नर्स को कहो कि ख़ूब बातें करें। क्यूँकि बाक़ी के लोग 6 लोग हैं वो बात नहीं करते।

एक नर्स हैं वो ख़ूब ख़ुश रहती हैं। एक और नर्स है, उनसे बातें करती रहती हैं। अपने बारे में

"मैं कल देर से आयी थी, थोड़ा काम हो गया था।"

"कोई बात नहीं ऐसा तो होता ही रहता है। अब क्या करें।"

"छोटा बच्चा है, वो ख़ूब बातें करता है, मुझे लगता है कि अब कभी चुप भी रहो, ख़ूब बातें करता है।"

"मेरा भी एक बच्चा है, बहुत बातें करता हैं। ये इन दोनो को कह देंगे की दोनो मिलेंगे और ख़ूब बातें करेंगे"

"पर कोई तो चुप हो ही जाएगा"

"क्या क्या करें"

"चुप रहो डॉक्टर आए"

मेरे डॉक्टर आए। इतनी बार डॉक्टर आते हैं, बाक़ी लोगों को देखते हैं लेकिन मुझे नहीं देखते। इसलिए मेरे डॉक्टर आए। उन्होंने कहा

"कैसी हो"

मैं हँसी।

फिर और लोगों से बात कर रहे थे। फिर बोले

"अच्छा हुआ है अब्रेशन"

मैं फिर से हँसी।

क्यूँकि मैं बार बार हँसी रहती हूँ। लेकिन फिर क्या करूँ। तो यूँ ही, हंस

लेती हूँ।

वो चले गए और नर्स फिर से बातें करने लगी।

रात को फिर से मैंने दवा ली और सोने ही वाली थी। लगभग रात में मैंने फिर से सुना कि नर्स बातें कर रही हैं। उनको लग रहा है कि मैं सो चुकी हूँ।

"छोटी सी बच्ची है, और देखो अब्रैशन हो गया है"

"एकदम चुप रहती है, पता नहीं कुछ बोलती ही नहीं"

"हाँ मुझे भी लगता है कि कुछ भी बोलती ही नहीं, पता नहीं बोलती ही नहीं"

"डॉक्टर ने तीन अब्रैशन किया है, ये ग़लत बात है, इतना नहीं करना चाहिए"

"एकदम ग़लत बात है, कौन बताए इनको"

"लड़की बोलती ही नहीं, मैंने कल फिर से पूछा, तो कुछ बोलती ही नहीं"

"क्या करें, इसके बाक़ी के लोग हैं, वो बहुत दुखी होंगे"

"देखो, क्या होगा"

मैं बहुत चुप थी, और भी ज़्यादा चुप, फिर सोचा कि कल नर्स को बोलूँगी कि "वो प्यारी हैं।" लेकिन फिर से मैं चुप थी। बहुत देर में सोचती रही अपने बारे में, फिर नींद आ गयी। अब्रेशन तीन बार हो चुके हैं। सच में, मुझे समझ नहीं आता, लेकिन क्या करूँ। मैं पापा और अनु को कई बार बोलती हूँ, कि मैं एकदम सही थी, एकदम सही, फिर ये सब अब्रेशन

नहीं करना चाहिए। वो चुप रहते हैं, उन्हें भी पता है या नहीं पता है, मुझे अभी समझ नहीं आता। लेकिन मैं फिर से यही सोचती हूँ, कि कुछ ना कुछ हुआ होगा, इसीलिए ये सब लोग इतने सारे अब्रेशन कर रहे हैं।

मुझे नहीं पता, बिलकुल भी नहीं पता कि ये सब क्या हो रहा है। मुझे इन सब के बारे में नहीं सोचना, लेकिन मैं क्या क्या सोचूँगी, किसे सोचूँगी, अपने बारे में इतनी सारी चीज़ें। जो मैं नहीं सोचती हूँ, अब वो सब सोचती रहती हूँ।

पहली बार सोचना, अब शुरू कर रही हूँ।

आँखें उठी, तो मैंने उसे देखा। मैंने फिर से आँखें बंद कर ली। मैं कई बार देखती हूँ, जब वो यहाँ है नहीं। इसलिए मुझे लगा कि मैंने उसी तरह देखा है। फिर मैंने एक बार फिर से आँखें उठाई तो वो सच में यहीं पर था। मुझे एकदम से बहुत अच्छा लगा। मैं इतने दिन से सोच रही थी कि एक बार तो आ जाए, कोई ना कोई तो आ जाय! और देखो वो आ गया है। मैं बोल नहीं सकती थी, फिर मैं रोने लगी, एकदम से रोने लगी। उसे पता नहीं क्या क्या बताना था, क्या क्या कहना था, इतनी सारी चीज़ें हमें एक दूसरे को कहना था। जैसे कि हम हमेशा कहते हैं। लेकिन बोल नहीं सकती इसलिए मैं रोने लगी।

इतने में वो रो रहा था। वो बहुत रोया, मुझे इतना प्यार आया उस पर, उसने कुछ कहा, फिर रोया, फिर फिर से कुछ कहा, फिर से रोया। 5 मिनट में आप अपने दोस्तों से मिलते हैं। हम 5 मिनट में रो रहे थे। मैंने उसे नहीं बताया, और उसने भी नहीं। बस हम रोए। मैंने उसे देखा इतने दिनो बाद पहली बार देख रही हूँ, कि वो रो रहा है। मैं चुप हो गयी थी, लेकिन वो रो रहा था। मैंने उसे इशारे में ख़ूब सारे बातें बताई, उसने

सुना, और रोया। उसने कुछ बोला नहीं। वो बोलने वाला था। 5 मिनट में हम मिलेंगे, इसलिए 5 मिनट वो कहने वाला था। पर उसने कुछ नहीं कहा। नर्स आयी और बोली

"5 मिनट हो गया है, अब जाइए"

वो चला गया।

इतने दिनों में मैं रोयी, बहुत रोयी। ये बात मुझे बहुत अच्छा लगा। लेकिन मेरा एक दोस्त है, वो भी रोया, मुझसे ज़्यादा, कई बार रोया, ये मुझे बहुत बहुत अच्छा लगा। मुझे पहली बार लगा कि मुझे कहना नहीं आता है। और वो बिलकुल भी नहीं बोला, बस रोया। क्यूँकि इतने दिनों में मिले थे, तो वो रो रहा था। उसने मेरी तरह, कुछ भी कहा ही नहीं, लेकिन उसने मेरी तरह ख़ूब सारी चीज़ें कहा मतलब कितनी सारी चीज़ें उसने कहा था। उसके मन में, कहा था। और मैंने सुना भी।

इतनी देर में वो फिर से आ गया। आह! फिर उसने अपने बारे में बताया, इतने दिन में वो रोज़ अनु से बात करता है। वो बस मुझे जानता था, और अब मेरे अनु से बात कर रहा है? रोज़ उसी से पूछता है कि

"गुनगुन ठीक है?"

"अब कैसी है?"

"बस मैं अब आ रहा हूँ।"

तो अब 3 दिनों के लिए वो आ रहा है। मुझे बहुत अच्छा लगा। इतने में नर्स आयी और बोली

"अरे? बाहर जाइए, आप फिर से कैसे आ गए?"

वो हँसा, मैं भी हँसी, और वो चला गया।

सुबह मैं उठ गयी हूँ, या नहीं अभी भी सोयी हूँ। पता नहीं क्या हुआ है? मुझे बहुत अच्छा लग रहा था। नर्स ने कुछ और कहा था कि अब चले जाओ तब भी वो आ गया था। ये कितनी अच्छी बात हुई। कल से और भी ज़्यादा अच्छा। रोज़ अच्छा होगा, फिर और भी अच्छा। कल जो हुआ है, अब वो नहीं होगा, आज कुछ और होगा। कल जो सुंदर हुआ था आज ज़्यादा सुंदर हो जाएगा। कल जिन लोगों को मैंने देखा कि वो हमेशा सोते रहते हैं, उनमें एक अंकल है जो पहले से ज़्यादा ख़ुश हो गए हैं। कल वो रो रहे थे, लेकिन आज वो जल्दी अपने कमरे में जा रहे हैं। कल जो नर्स मेरे बारे में बातें कर रही थी, वो मुझे और ज़्यादा प्यारी लग रही हैं। एक नर्स हैं जिन्होंने अभी कहा है कि "अभी नहीं आना है", तो फिर मुझे जो मिलने आए थे वो चले गए। पर क्यूँकि वो दूसरे बार आए थे ना इसलिए कोई बात नहीं। वो यहाँ से चला गया है, वो मुझे देखकर हंस रही हैं। ये तो कितनी अच्छी बात है। पहले उसने देखा होगा, फिर थोड़ी देर में उसने कहा, तो सही है।

मेरे तीन अब्रेशन हो गए हैं। तो लगता है कि अब बस काफ़ी हैं। हो सकता है और भी हो जाए लेकिन 3 थोड़े ज़्यादा हो चुके हैं, जो कि 3 अब हो चुके हैं तो कितनी अच्छी बात है कि अब उतने नहीं होंगे। मुझे

एकदम से लगा कि वाह, अब और नहीं होगा शायद।

इतने सारे लोगों को पता ही नहीं कि मैं नहीं बोलती हूँ। सबको लगता है कि बस अभी बोल नहीं सकती। कितना कमाल है, कि सब ये सोचेंगे कि मैं जल्दी से बोलूँगी। फिर धीमे धीमे इन्हें समझ आएगा, कि इसे तो बोलना ही नहीं आता। लेकिन ये कितनी अच्छी बात है कि मुझे पता है कि मैं नहीं बोलती हूँ। ये बात सिर्फ़ मुझे पता है।

आज के दिन के लिए मुझे ये बात पता है। बस आज मैं यही पर हूँ, कल मैं अपने कमरे में चली जाऊँगी। मतलब कल जब मैं यहीं पर थी ना तो मेरे लिए 2 दिन और भी थे कि मैं यहीं पर रहती। लेकिन आज बस आज मैं यहाँ पर हूँ। एक दिन। फिर मैं कल चली जाऊँगी। तो मैं आज ख़ुश हूँ। यहाँ बहुत बोर हो चुकी हूँ। कल ज़्यादा हो गयी थी, आज पता है कि कल जाऊँगी इसलिए अब पहले से ज़्यादा ख़ुश हो गयी हूँ।

एकदम से लग रहा है कि सबसे पहले सूरज आता है लेकिन मेरे मन में सुबह पहले आ जाती है। कल मैंने इतनी सारी चीज़ें सोची लेकिन मन को सोचा ही नहीं कि ये सब क्या हो रहा है। आज मैं मन को सोच रही हूँ तो एकदम से सबकुछ मन में सुंदर सा हो चुका है। यूँ मन तो हमारे पास में होता है, पता नहीं कहाँ पर होता है, ये मुझे नहीं पता है, पर इतना पता है कि है तो कहीं पर। हो सकता है कि हम उस तरह ख़ुश नहीं होते हैं, या उदास हो जाते हैं तो हम मन को नहीं सोचते। लेकिन जैसे ही हम ख़ुश हो जाते हैं तो हमें लगता है कि मन में कितनी ख़ुशी हो गयी है। इसलिए शायद मन को बार बार देखना चाहिए और ख़ुश होना चाहिए। ऐसा कुछ मैं सोच रही हूँ, क्यूँकि आज मैं अकेले ही हूँ, नर्स आती है चली जाती हैं, लेकिन मैं आज मन को सोच रही हूँ।

अगले दिन मैं जल्दी से उठी, और एकदम से तैयार हो गयी। मतलब मैंने तो कुछ भी नहीं किया। पर मन में तैय्यार हो गयी। पापा आए उन्होंने कहा

"बस आज चलेंगे। मैं रूम देख रहा हूँ।"

मैंने कहा

"हाँ"

फिर वो बहुत प्यार से मेरे पास में थोड़ी देर और रुके फिर चले गए। उस दिन मैं बहुत ख़ुश हो गयी। कि मुझे यहाँ से अपने कमरे में जाना है। कुछ लोग चले भी गए हैं, कुछ और लोग आ गए हैं। और सो रहे हैं। लेकिन मैंने उन्हें उतना नहीं देखा। क्यूँकि वो लोग आज आए थे। तो अगर मैंने उन्हें देख लिया होता तो मैं देख रही थी और इतने में मैं चली गयी होती। तो मैं उन्हें उतना नहीं देख पाती। इसलिए मैंने उन्हें नहीं देखा। मैंने देखा 10 बजे हैं, फिर मैंने देखा 11 बजे हैं, फिर से 12 हो गए हैं। फिर मैंने देखा 1 बजे हैं, फिर फिर से 2 बज गए हैं। और मैं सोच रही हूँ कि अब बस मैं चलने ही वाली हूँ। नर्स आयी और उन्होंने कहा कि

"अभी डॉक्टर आए थे, जो यहाँ सब को देखते हैं उन्होंने कहा है कि आप कल जाना।"

10 बजे से 2 बजे तक मैंने यही सोचा कि बस अभी चलूँगी, बस अभी के अभी। 2 बज के 35 मिनट में मैंने सोचा कि मैं कल जाऊँगी। लगभग 4 घंटे मुझे लगा कि बस अभी मैं एकदम सही हो जाऊँगी, और कहीं और चली जाऊँगी। जल्दी से चल कर, घूम कर पहुँच जाऊँगी। 2 बज के 40 मिनिट में मुझे लगा कि मैं बहुत थक गयी हूँ, चल तो मैं बिलकुल भी नहीं सकती। मुझे चलना आता है नहीं। मुझे यहीं पर सोना

चाहिए। हो सकता है कि मैं उठूँगी तो थोड़ा और समय हो जाएगा। फिर मुझे नींद नहीं आयी।

मेरे इतने सारे दोस्त है वो अभी मेरे पास आएँगे, और बातें करेंगे। लेकिन कोई नहीं आ रहा। सब लोग बाहर है, वही पर बैठे हैं, और मैं यहाँ अकेले हूँ। कोई किसी से मिल ही नहीं सकता। पर ये पहले भी हुआ है। पिछली बार मैं ऐसी जगह थी, तब भी इन्होंने कहा कि कल जाना। इसलिए इस बार कह रहे हैं तो मैं कल जाऊँगी।

थोड़ी देर मैं यूँ ही अपने आप में ही कुछ कुछ सोच रही थी। इतने में मैंने सोचा कि आज जो यहाँ आए हैं ना उनको देखते है।

एक आंटी है जो सो रही है, आज सुबह ही आयी हैं, जब मैं सो रही थी, तब। इनके जो बाल है ना वो वाइट हो चुके हैं। पूरे वाइट। इतने अच्छे बाल हैं कि मैंने बहुत देर तक देखा। और सोचा कि जब मैं बूढ़ी हो जाऊँगी ना। अगर मैं तब तक सही हो गयी तो बूढ़ी हो जाऊँगी तब मैं भी अपने वाइट बाल रखूँगी। इतने सुंदर वाइट बाल। पर वो भी सो रही हैं। सब ही सो रहे हैं। किसी को तो उठना ही चाहिए।

मुझे कहीं और होना चाहिए, पर अब क्या करें।

एक अंकल हैं वो सो रहे हैं लेकिन उनका चेहरा बहुत दुखी लग रहा है। हो सकता है कि वो रोए हैं लेकिन फिर वो सो गए तो रोना उसके साथ में ही रहा। या मुझे ऐसा लग रहा है कि जब वो सो रहे होंगे तब उन्होंने एक सपना देखा होगा, उसमें वो दुखी हुए होंगे। इसलिए अभी तक उनका सोना दुखी सा कुछ हो रहा है। हो सकता है कि मैं ये बस सोच रही हूँ। लेकिन उनका चेहरा बहुत दुखी लग रहा है।

मैं जब सो जाती हूँ और जब बाक़ी के लोग देखते हैं कि मैं सो रही हूँ तब क्या किसी को ये लगता होगा कि मैंने सपना देखा है? कोई ना कोई तो यही सोचता होगा।

उसने देखा कि अभी मेरा चेहरा बहुत ही दुखी है, तो उसे लगा होगा कि मैंने अभी बहुत दुखी वाला सपना देखा है। हो सकता है कि मैंने देखा होगा, लेकिन मुझे याद नहीं। क्यूँकि मैंने एक और सपना देखा था जब मैं बहुत ख़ुश हो गयी थी। तब मेरा चेहरा बहुत ख़ुश हुआ था, लेकिन तब किसी ने मुझे देखा ही नहीं। पर अभी मुझे वो सब याद नहीं आता, कि मैंने कब सपना देखा। बाक़ी लोगों को देख रही हूँ तो कुछ कुछ सोच रही हूँ, हो सकता है कि अभी उन्होंने सपना देखा ही नहीं और मैं सोच रही हूँ कि उनका कितना अच्छा सपना आया होगा। इसलिए सपने में कुछ भी हो जाता है, ऐसा मुझे लगा।

अगली बार मुझे नर्स ने कहा कि

"कल चले जाना।"

मैंने उसे कुछ कहा, जो कि उसे समझ नहीं आया। फिर पापा आए, और मैंने उन्हें कहा कि आज ही चलो, अभी चलो, कहीं पर भी चलेंगे लेकिन यहाँ से कहीं भी चलो। मैंने पता नहीं कैसे उन्हें बताया, तो उन्होंने कहा कि रूम है ही नहीं। मैंने फिर से कुछ कहा। यहाँ से कहीं पर चलो,

लेकिन चलो। तो फिर मैंने बहुत बार कहा कि

"चलो" "चलो" "चलो"

तो फिर कुछ लोग आए और मैं वहाँ से चलती बनी।

जहाँ पहुँची वहाँ बहुत सारे लोग हैं। बहुत बहुत सारे लोग। ख़ूब बातें कर रहे हैं। लोग बीमार हैं लेकिन ख़ूब बातें कर रहे हैं। उनके दोस्त भी हैं, या पास में पापा माँ हैं, ख़ूब सारे लोग हैं। मुझे इतना अच्छा लगा कि मैंने इतने दिनो में मैं बस एकदम कुछ लोगों के साथ में थी जो कुछ भी बातें नहीं करते, बस सो जाओ बस यही है। लेकिन मैं एक जगह आ गयी जहाँ इतने सारे लोग हैं, तो पापा ने कहा

बस कल रूम मिल जाएगा, तब चलेंगे।

मैंने कहा

कुछ भी नहीं।

मेरे एक दोस्त हैं उन्होंने ख़ूब सारी चीज़ें बतायी। मुझे बहुत अच्छा लग रहा था, मैं उसके बारे में सोच रही थी, फिर मुझे नींद आयी। बहुत ही थोड़ी देर। मैं उठी।

मुझे एकदम से लगा कि मैं कितनी अजीब सी जगह में हूँ। मुझे बहुत अजीब सा लगा, कि इतने सारे लोग हैं, जो बातें कर रहे हैं, इन्हें थोड़ा कम बोलना चाहिए। इधर उधर घूम रहे हैं। इतने सारे लोग आ रहे हैं। मुझे बहुत देर से लगा कि मेरे सिर में भी दर्द हो रहा है, क्यूँकि मैं यहाँ आ चुकी हूँ। मैंने दोस्त को कहा कि वो पापा को कहेगा कि जल्दी से रूम में चलो। वो गया उसने पापा को बताया। पापा फिर से आए और

बोले रूम ले लिया, बस वो थोड़ा सही से कर रहे हैं, फिर हम चलेंगे। आह, जल्दी चलो, ऐसा मैंने कहा नहीं पर एकदम से मुझे लगा कि इतने सारे लोग हैं जहाँ मैं पता नहीं कैसे आ गयी। जल्दी चलो।

मेरे दोस्त हैं, वो जाने लगे तो मैंने उसे कहा कि

"हाँ, मैं ठीक हो जाऊँगी।"

उसने भी ख़ूब दुआ दी और चला गया।

अनु और ज्ञान मेरे पास में ही हैं, फिर मैं रूम में आ गयी। आह। अब ठीक थी।

मैं तो कोई और हूँ

पानी ख़ुद थोड़ी ना पानी होता है,
उसमें इतनी सारी चीज़ें होती हैं जो उसमें परछाईं में घूमती रहती हैं।
मैं पानी के पास में पारिजात के फूल लेकर वहीं पर बैठी हूँ

हॉस्पिटल में 1 महीना हो चुका है। 3 औपरेशन हो गए हैं। लेकिन हम यहीं पर हैं। मैं यहीं पर हूँ, और मेरे पास में इतने सारे लोग हैं, जो कि यहीं पर हैं। मुझे बिलकुल भी यहाँ अच्छा नहीं लगता है। हमेशा मुझे लगता है कि अब घर में चलते हैं। लेकिन 1 महीने में हम यहीं पर हैं। मैंने माँ के साथ में चलना शुरू किया है। थोड़ा सा चलना, एकदम से लगता है कि बस मैं इतना नहीं चलती। मैं माँ के साथ में थोड़ी देर मतलब बस थोड़ी सी देर जाती हूँ और उन्हें कहती हूँ, अब चलो। थोड़ा सा चलना मुझे बहुत ज़्यादा चलना होता था।

अभिज्ञान भी आ जाता है। उसके आने से मुझे एकदम से लगता है कि अभिज्ञान, अनु और मैं छोटे हो गए हैं। कितनी कमाल की बात है। बस अभी मैं और अनु स्कूल को बहुत बेकार करके आ गए हैं। अब मैं और अनु अभिज्ञान के साथ में आ गए हैं, अब रात तक ख़ूब सारी चीज़ें करेंगे। कल फिर से स्कूल जाना है लेकिन तब तक हम ख़ुश हैं। अभिज्ञान जब पैदा हुआ था तब मैंने उसे देखा था। इतना सुंदर बच्चा, सो रहा था। क्यूँकि लगभग वो सो जाते हैं। तब से मुझे पता है कि वो मेरा भाई है। हमने ख़ूब मज़े किया था। छोटे होने पर आपको लगता है

कि आप कहीं और चले गए थे, शायद वहाँ पर या शायद कहीं और पर चले गए थे। लेकिन आप फिर से देखते हैं तो उतना नहीं जानते कि आप छोटे बच्चे थे तो आपने क्या क्या किया। बस कुछ लोग आपको याद रहते हैं। जैसे मुझे 'अभी' याद है। और अनु और मैं। हम तीनो एकदम साथ में रहते थे। इसलिए जब भी अभिज्ञान आता है तो मुझे लगता है कि ये जानता है कि अब मैं ठीक हूँ।

एक और चीज़ हुई। मैं 2 या 3 दिनों से सोच रही थी, लेकिन अब मैंने पापा को कहा। मैंने पापा को कहा कि कुछ लोग मेरे बहुत पास में आते हैं ना तो मुझे समझ आता है कि वो पास में हैं, मैं समझ भी जाती हूँ कि वो लोग मेरे पापा है या दोस्त हैं, या अनु है। पर अगर कोई थोड़ा सा दूर होता है ना तो मुझे कुछ भी समझ ही नहीं आता कि वो कौन है?

पापा को ये सब बताना मतलब बहुत देर से मैं कुछ कुछ कहा, तब भी उन्हें समझ नहीं आया, फिर मैंने आँखों से कहा कि मुझे समझ नहीं आता, या मैंने उन्हें कहा कि मुझे दिखना नहीं आता है।

पापा थोड़े चुप थे, पर मैंने फिर से उन्हें कहा। तो उन्होंने कहा

"मैं डॉक्टर को बताता हूँ, वो समझ जाएँगे।"

फिर वो कहीं और लोगों से बातें कर रहे थे। लेकिन उस दिन पूरे दिन मैं बिलकुल भी ख़ुश नहीं थी। बिलकुल भी चुप रही, और कुछ बोलने

का कुछ भी मन ही नहीं था। पूरे दिन मैं आँखों को घुमा रही थी, कि अब होगा, अब होगा, बहुत मेरे पास में कोई आएगा, तो समझ आएगा कि ये वो है। लेकिन दूर देखूँ तो बहुत अजीब सा हो गया था। दूर से कोई है, ये समझ आता था, लेकिन वो कौन है, क्या कह रहा है, मेरा दोस्त है क्या, मुझे कुछ भी समझ नहीं आता। अगले दिन भी डॉक्टर नहीं आए, तो मुझे एकदम से बहुत ज़्यादा दिखा ही नहीं देता था। मैं बहुत अजीब सी हो गयी थी। कोई भी आता तो मैं यही कहती कि मुझे समझ नहीं आ रहा कि कौन है। वही तो सही बात है। और उस दिन मुझे कुछ भी समझ नहीं आ रहा। आँखों को बंद करूँ तो मुझे बहुत अच्छा लग रहा था, लेकिन आँखों को देखूँ तो कुछ भी समझ ही नहीं आता था।

डॉक्टर ने देखा तो कहा

"आँखों के बारे में एक और डॉक्टर हैं वो आएँगे। तब कुछ सही हो जाएगा।"

थोड़े दिन में एक और डॉक्टर आए। पापा और माँ उन्हें जानते थे। उन्होंने मेरी आँखें देखी। फिर और अपनी कुछ चीज़े थी, वो देखीं। फिर बोले

"आँखों के लिए एक और दवा दे रहा हूँ। आज कुछ भी दिखा ही नहीं देगा। फिर कल देखते हैं।"

उन्होंने एक और दवा दी। फिर मैंने आँखों से और लोगों को देखा तो अब तो बिलकुल भी नहीं दिखते। मैंने अपने को समझाया कि कल सही हो जाएगा। अब आज पहली बार मुझे आँखों के लिए लगा कि अब ये मेरे पास नहीं है, मतलब मेरे पास में आँखें थीं, जो अब कहीं और चली गयी हैं।

उस दिन पहली बार मुझे लगा कि कुछ बच्चे हैं जिन्हें मैं कहती थी कि-

"तुम सब लोग फ़ोटो खींचना"

तो वो कहते कि

"हम कैसे खींचेंगे।"

वो सब बच्चे आँखों से नहीं देखते थे। लेकिन हमने इतनी फ़ोटो खींची थी और मुझे एकदम से लगा कि वो बच्चे जो देख नहीं सकते हैं, वो फ़ोटो खींचते हैं। मैं ये बात सबको बताती रहती हूँ। कोई उनके बारें में बोलेंगे, तो मैं ख़ूब सारी बातें बताती हूँ। कितना अच्छा रहेगा।

आज मैं आँखों से नहीं खींच रही हूँ। इतने सारे लोग आते हैं, मैं उन्हें नहीं देखती हूँ। पर मुझे उनका फ़ोटो खींचना है। कैसे खींचूँगी।

पर उस दिन कितनी सारी चीज़े हो गयी थी। मैं बोल नहीं सकती, इतने सारे लोग हैं, तो मैं उन्हें कुछ भी नहीं बोल सकती हूँ। चल नहीं सकती, क्यूँकि मैं अपने आप कहीं चली जाती। लेकिन नहीं चल नहीं सकती। और आँखें कुछ भी नहीं करती, कि मैं अभी देखूँ कि कौन आ रहा है मुझे मिलने। मेरे आँखें बंद हैं। और इतनी सारी चीज़े हो रही हैं क्यूँकि मेरे सिर में औपरेशन हो चुके हैं इसलिए मुझे यहीं पर रहना है और इतनी सारी दवा मेरे अंदर जा रही हैं। और मेरा चहरा एकदम अजीब सा हो चुका है। लेफ़्ट बहुत बड़ा हो चुका है और राइट है जो सही है। इसलिए मेरा चहरा एक अजीब सा दुखी जैसा हो चुका है। इतने सारे

लोग है जो फ़ोटो खींचते हैं और ख़ुश होते हैं मुझे दिखाते हैं। और मैं उसे देखती हूँ और ऐसी जगह हो जाती हूँ कि मैं जानती ही नहीं कि ये कौन है? मैं तो कोई और हूँ।

अपने बारे में सोचूँ तो मेरे पास एक बार कुछ होता है, लेकिन अब वैसा नहीं है। मैं हमेशा 2 बार देखती हूँ। अपने बारे में दो बार। इतनी सारी चीज़ें हैं जो मेरे पास में हो चुकी हैं। मैं बिलकुल भी नहीं जानती कि ये जो भी हो रहा है ये सब मुझमें हो रहा है क्या, या ये किसी और का कुछ हो रहा है। पर हमेशा एक बार सोचने में मुझे लगता है कि ये सब मेरे ही पास में हो रहा है। हमेशा दो बार देखती हूँ। तो मुझे समझ आता है कि मेरे साथ में दो बार हो चुका है। पहली बार मैं एकदम सही थी, फिर दूसरी बार मैं एकदम अजीब सी हो चुकी हूँ।

अब है ऐसा कि मैं वहीं पर हूँ, काफ़ी दिन हो गए। इसलिए मुझे याद ही नहीं आ रहा कि कैसा लगता है जब लोग अपने घर से कहीं और जाते हैं। चलके कही भी वो पहुँच जाते हैं। कितना कमाल है ना। इतने सारे लोग घूमते रहते हैं। कहीं भी जातें है या कभी भी आ जाते हैं। मुझे से मिलने इतने सारे लोग आते हैं, मुझे अब बहुत अच्छा लगता है। हमेशा कोई ना कोई आ जाता है। रोज़ मुझे मिलने ख़ूब सारे लोग आते हैं। उन सबका नाम बताऊँ तो मैं अभी 200 लोगों कि नाम शायद नहीं बताती। क्यूँकि वो सब लोग इतने सारे दोस्त थे, जो मुझे मिलने आते थे, तब मैं

उन्हें जानती ही थी, बस नाम नहीं बोलती थी।

रोज़ कुछ ना कुछ लोग आते हैं, ख़ूब बातें करते हैं। मुझे बहुत मज़ा आता है मैं माँ को देखती हूँ कि मुझे सच में बहुत मज़ा आता है, तो वो कुछ भी नहीं कहती। मैंने देखा। कुछ बोलते हैं, जैसे साहिल हमेशा आता है। वो रोज़ आता है, मुझे इतना मज़ा आता है। मुझे हिंदी में कुछ कुछ बोलता है और मुझे कहता है कि अब तुम बोलो। मैं कभी नहीं बोलती हूँ या कभी थोड़ा सा कुछ बोलती हूँ, तो वो कहता है

"वाह एकदम सही!"

वो साहिल है, वो रोज़ आता है मुझे बहुत अच्छा लगता है। देवयानी भी कई बार आती हैं। वो मुझे कविताएँ सुनाती हैं। बहुत सारी कविताएँ मुझे बहुत अच्छी लगती हैं। फिर वो कहती हैं कि एक कवि ने ये कहा, वो कवि ने कुछ और कहा। मैं समझ जाती हूँ, बस कवि का नाम मुझे बिलकुल भी याद नहीं रहता। लेकिन कविताएँ मुझे याद रहती हैं।

कुन्तल आती है, वो कुछ ना कुछ बताती है। मुझे लगता है कि मैं पता नहीं कब से नहीं गयी हूँ, जहाँ और लोग रहते हैं, वहाँ तब मैं बहुत सालों पहले गयी थी। हमारा घर भी मुझे लगता है कि मैं बहुत सालों पहले वहाँ गयी थी, अब हॉस्पिटल में ही हूँ। तो कुन्तल ख़ूब बातें बताती है। फिर मैं उसे कहती हूँ कि घर के बारे में कुछ बताओ। मैं उसको इशारे

में कहती हूँ, तो वो घर के बारे में बताती है।

एक दिन सुबह मैं उठी, मैंने खाना खाया, बहुत कम वाला, लेकिन मैंने खाया। इतने में पापा घर से आए, और उन्होंने एक बार मुझे कहा कि

"एक बार आँखें बंद करो।"

मैंने किया, फिर से मैंने आँखें उठाई तो मैंने देखा

",,,,,,,,,,,,"

मैंने कुछ भी नहीं कहा। पापा पारिजात के फूल लेकर आए थे।

पारिजात उनके पास में महका हुआ था। उन्होंने मेरे सिर के पास में ख़ूब सारे पारिजात ऊदेल दिए।

उसकी ख़ुशबू मुझपे आ रही थी। आह, पारिजात! हमेशा से इसे देखती हूँ, हमेशा, से हर जगह, ख़ुद इसी दुनिया में थी, लेकिन मुझसे बहुत बहुत सालों पहले पारिजात था। तब से इसे देखती हूँ, और फिर मैं अपने को एक बार फिर से देखूँ, तो आज पहली बार पारिजात को पहली बार सबसे पहली बार, देख रही हूँ। पहली बार उसे आँखों से सुन रही हूँ। उसको देख रही हूँ जो बस अभी आज सुबह से पहले कि बात हुई जब वो पारिजात से उठ कर धीरे धीरे, अपने नींद में ऊपर की तरह से धीमे धीमे, से मिट्टी में आ गया था। पापा ने उसे देखा होगा तब वो यहाँ आ

गया है। इसलिए पहली बार पारिजात से एकदम पहली बार एक फूल आता है। जब ये फूल पहली बार आते हैं तो मैं इन्हें पहली बार देखती हूँ। एक फूल मैंने एक हाथ पे रखा तो मेरी आँखों से आँसू आए। आँसू से मैं और ख़ुश हो गयी थी। ख़ुश इस फूल के लिए आया था और आँसू उन सब फूलों के लिए जो अब चले गए थे।

हमारे घर में पारिजात का पेड़ था। छोटा सा था फिर धीरे धीरे बड़ा हो गया था। मेरी जगह था। इतने फूल आते थे उसमें, सेप्टेम्बर से नेवेंबेर में ख़ूब सारे फूल आते थे। पूरे दिन घर में रहते तो लगता था कि पारिजात के पास में रहते हैं। मैं इतनी बार घर पहुँचती थी, मतलब शाम को तो फिर से उसके पास बैठती थी। बहुत सुंदर था पारिजात। फिर जब रात को मैं सोने जाती थी तो रात को उसकी ख़ुशबू मुझे में आ चुकी थी। तो मैं बहुत ख़ुश थी। एक दम से पारिजात को देखती और मुझे फिर लगता कि दुनिया कितनी सुंदर है। नेवामबेर में उसके फूल आए और डिसेम्बर में चले गए थे। फिर बहुत दिनों तक आप अपने फूल देखने जाते हैं कि हाँ बस आने ही वाले है।

कई दिनो बाद मैंने देखा की पारिजात में दीमक आ गयी थी। मैंने पापा को बताया, तो उन्होंने कहा कि

“हाँ ठीक करते हैं।”

उन्होंने थोड़ा सही किया, फिर थोड़े दिन बात मैंने देखा कि और भी दीमक आ गयी थी। फिर से हमने हटाया। लेकिन फिर देखा तो उसमें बहुत दीमक आ गयी थी जिसे हम इतनी बार हटाते थे, लेकिन फिर से वो आ गयी थी।

एक बार मैं घर आयी और मैंने देखा कि पारिजात वहाँ है ही नहीं। मैं बहुत देर तक वहीं पर बैठी रही, एकदम चुम थी। दीमक वही थी, पारिजात नहीं था।

इतने सालों से हम इतने ख़ुश थे कि पारिजात हमारे पास में हैं। और अब देखो। पर अब क्या करे। दीपक को कुछ चाहिए था, इसलिए उसने पारिजात के बहुत पास में रहने लगी, और पारिजात कहीं और लेकर चली गयी।

मैं कई दिन उठती और पारिजात लेकर जाती तो फिर से लगता कि, नहीं पारिजात है ही नहीं।

बहुत दिन ऐसा ही लगा, फिर पापा ने एक बार फिर से पारिजात बोया। एक दिन उन्हें देखा कि उन्होंने कहा

"लगता है फूल आएँगे। दीमक मैंने सही से कर दिया है"

मैं बहुत ख़ुश भी हो गयी थी। और अब देखो फूल आ गए हैं। अभी पापा आए और उन्होंने मुझे पारिजात के फूल दे दिए।

मैं हॉस्पिटल में ही हूँ, बाक़ी लोग कुछ और कर रहे हैं। और मुझे लग रहा है कि पारिजात के फूल हर जगह बिखरे हुए हैं।

सिर में दर्द जब नहीं हुआ था तब मैं हमेशा कुछ ना कुछ अपने दोस्तों को कहती हूँ कि वो पढ़ेंगे तो कितना अच्छा रहेगा। कोई दोस्त सुनते हैं और कुछ और बातें करते हैं और कुछ लोग सुन जाते हैं तो कहते हैं कि हाँ हम पड़ेंगे। कुछ लोग पढ़ भी लेते हैं।

"दीवार में एक खिड़की रहती थी" विनोद कुमार शुक्ल जी ने लिखी है।

वो मुझे बहुत अच्छी लगती है। तो अब जब इस कमरे में एक खिड़की है, जिसमें फूल बिखरे हुए हैं।

मैं आऊँगी, उसके पास में फूल देखूँगी, वो इतने सुंदर फूल होंगे, और मैं फूल लेकर खिड़की से ऊपर कहीं और चली जाऊँगी। फिर से कहीं और चली जाऊँगी तो फिर से पारिजात के पेड़ दिखेंगे। मैं धीरे धीरे पारिजात से जो फूल मिट्टी में रात को आ चुके हैं उन्हें अपने हाथ में चुन्नी में करके, उन्हें ख़ूब सारी फूल ले लूँगी। वहाँ पर अम्माँ होंगी, वे कुछ ना कुछ चाय बना रही होंगी, तब मैं उन्हें कहूँगी कि वो चाय पी ले, मुझे नहीं चाहिए, तो वो मेरे लिए फूल वाली चाय बनाएगी, फिर हम दोनो पी लेंगे। फिर मैं ताल पे पहुँच जाऊँगी, ताल में ख़ूब सारा पानी होगा, पर पानी ख़ुद थोड़ी ना पानी होता है, उसमें इतनी सारी चीज़ें होती हैं जो उसमें परछाईं में घूमती रहती हैं। इस लिए पानी में इतने सारी चीज़ें दिख जाती हैं। मैं पानी के पास में पारिजात के फूल लेकर वही पर बैठी हूँ, कि रघुवर कभी तो आएँगे। जब भी आएँगे तब हम पेड़ों के बीच में चलके कहीं और पहुँच जाएँगे।

फिर मैं खिड़की से बाहर आ गयी। अपने कमरे में। तो मुझे एकदम से लगा कि यहाँ खिड़की है पर वो बंद है क्यूँकि यहाँ ac है। पर कोई बात नहीं। खिड़की में फूल तो है ही।

अनु एक और कहानी सुनेगा तो उनके कुछ कहने में एक फूल उस

कहानी में आ जाएगा। वो फिर से मुस्कुराएगा। नेर्स आएगी, मुझे दवा दे रही होंगी इतने में उनके हाथ में फूल आ जाएगा, तो फिर से वो मुझे दे देंगी और फिर दवा लेके चली जाएँगी। इस तरह उस दिन पूरे दिन मैंने पारिजात के बारे में सोचा, और पारिजात को और भी ज़्यादा अपने पास रखा।

हॉस्पिटल में एक साल बाद मैं अनु और पापा एक फ़िल्म देखने गए थे। वो हम देखने गए क्यूँकि उस फ़िल्म का नाम था 'october' जिसमें oct o ber में o में पारिजात का फूल था। मुझे बहुत अच्छा लगा। तब हम सब ये देखने गए थे। एक लड़की है जिसका नाम था शिउली। आह शिउली! मैंने अपना नाम 3 साल पहले शिउली किया था। कि मैं कभी किसी को मिलूँगी और उसे फिर से कहूँगी कि उसका नाम कितना अच्छा है। फिर उस शिउली का ऐक्सिडेंट हो जाता है। फिर वो हॉस्पिटल में ही होती है। वो लगभग मेरी तरह हो जाती है। किसी से बोल नहीं सकती, कह नहीं सकती, वो बोलना भूल चुकी है। जो कि मैं भी भूल गयी थी। तब एक लड़का होता है वो उसके लिए पारिजात लेकर आया होता है, मुझे एकदम से लगा कि आह! कितना अच्छा है। फिर वो अपने घर जाती है तब भी उसे कहना नहीं आता, बोलना नहीं आता, फिर उसे सिखाते हैं जैसे मुझे सिखाते हैं। फिर वो बाद में चली जाती है। कहीं और जहाँ और लोग नहीं जाते हैं, वो कहीं और चली जाती है।

बहुत दिनो से मैं सोच रही थी कि वो फिर चली जाती है, मतलब उसके सामने कितने सारी चीज़े, हम सुना सकते हैं, वो बोल सकती है, पर वो बोल ही नहीं सकती है। मतलब इतनी सारी चीज़ें जो उसके सामने होती होंगी वो किसी ने सोचा ही नहीं कि उसे क्या होता होगा। जब मैं भी बिलकुल बोल ही नहीं सकती थी, तब भी इतनी सारी चीज़ें हुई थी, जो मैंने किसी को बोला ही नहीं लेकिन मैं अब बोल सकती हूँ। शूजित सरकार ने ये फ़िल्म बनाया था। ये फ़िल्म हमने देखा। तो मैं और अनु और पापा हम सब चुप थे। क्यूँकि लगभग हमारे साथ में यही तो हुआ था।

एक दोस्त मिली, मैं उन्हें बता रही थी october के बारे में। वो चुप थी, मैंने फिर कहा कि कुछ तो बताओ। तो उसने कहा

"मैंने और भी बहुत सारे लोग हैं जिन्होंने ये फ़िल्म देखा था और ये सोचा था कि गुनगुन को नहीं बता रहे, पर वैसा ही है।"

मैं बहुत देर तक सोच रही थी कि चलो कोई बात नहीं, मैंने ये फ़िल्म देख लिया तो एकदम से मुझे लगेगा कि मेरे और दोस्तों ने भी देख लिया, और बताया भी नहीं कि क्या है। पर मुझे पता है।

लेकिन मैं अभी भी यहीं पर हूँ जहाँ और लोग है।

बहुत दिनो बात मैंने फिर से पहली बार एक लड़की को देखा जिसका नाम शिउली था। आह! मैंने उसे मेरा जीमेल उसको दिखाया तो उसने कहा

"आऽऽऽ मतलब ये तुम हो क्या?"

मैंने हंस के उसे कहा

"मेरा नाम मेरे पापा ने पद्मजा किया था लेकिन 3 साल पहले मैंने

अपना नाम शिउली लिखा था, और ये सोचा था कि मैं किसी शिउली से मिलूँगी।"

हम दोनो एकदम से हँसे और बहुत ख़ुश हो गए थे।

मैं हॉस्पिटल में थी, लेकिन पारिजात में ख़ुश हुई थी, क्यूँकि मैं इतने दिनो में किसी फूल को देखती ही नहीं। मैं यही होती हूँ, कहीं जा नहीं सकते, देख नहीं सकते, इतने सारे फूल होते हैं इस शहर में, लेकिन मैं उन्हें देख ही नहीं सकती। इसलिए अब पारिजात पापा लेकर आए तो मैं बहुत ख़ुश हो गयी थी।

मैंने बस चित्र देखे

पहले एक हाथी फिर उसका एक और हाथी
फिर उसका एक और हाथी।
वो सब कहीं ना कहीं जा रहे थे।
फिर बाद में मुझे समझ नहीं आया कि फिर क्या हुआ

पापा और माँ बात कर रहे थे, कि

"हाँ वो आज आएँगी। गुनगुन को बहुत अच्छा लगेगा।"

माँ ने कहा,

"गुनगुन उनसे बातें कर लेगी।"

पापा ने कहा

"अरे, वो आ गयी देखो"

हरलीन आ गयी थी। वो भी ख़ुश हो गयी थी। मेरे पास में रही। हम पिछली बार चंडीगढ़ में मिले थे, तब हमने ख़ूब बातें की थी। मुझे तब याद आया और फिर आज फिर से मिले हैं।

मैं हमेशा बहुत ख़ुश होती हूँ लेकिन हरलीन आयी तो मुझे एकदम से लगा कि हम मिल गए हैं ये कितना अच्छा हो गया है। सुधांशु भी आया, कई सारे लोग आए, वो सब लोग मेरे बारे में बातें कर रहे थे। मुझे एकदम से लगा कि जैसे मैं अपने दोस्तों से बातें करती हूँ फिर जब और बातें

कर रहे होते हैं तो मैं उन्हें सुनती रहती हूँ! वैसा ही लगा। हरलीन कह रही थी कि-

"तुम एकदम सही तो हो गयी हो, देखो! इतनी ख़ुश रहती हो!"

मुझे इतना अच्छा लगा। उन्होंने कहा

"थोड़े दिन में और सही हो जाऊँगी! थोड़े से और दिन में और भी अच्छी हो जाओगी।"

मुझे इतना अच्छा लगा कि हाँ मैं अब सही हो जाऊँगी। सुधांशु भी कह रहा था कि

"देखो, तुम ख़ूब बातें करती हो, इसका मतलब है तुम कितनी ख़ुश तो हो!"

मुझे बहुत मज़ा आया! मैं जानती थी कि मैं बोलती नहीं हूँ, लेकिन जो भी बोलती हूँ, कई सारे लोग तो समझ ही जाते हैं!

अगले दिन फिर से हरलीन आयी और उन्होंने कहा

"तुम कैसी हो?"

मैंने कहा

"ठीक"

फिर मैंने सोचा कि हरलीन ने पिछली बार मेरा हाथ सही कर दिया था। जब मैं चंडीगढ़ में ही थी तब मेरे हाथ में एक अजीब से कीढे ने खा लिया था। बहुत दुःख रहा था। मैंने उसे बताया तब उसने थोड़ी देर मेरे हाथ को थोड़ा देखा फिर हम दोनो ख़ूब बातें कर रहे थे। लगभग 15 मिनट

में। 15 मिनट में उसने मेरे हाथ को अपने हाथ में रखा हुआ था। फिर मैंने देखा कि मेरा हाथ कितना सही हो गया था। सच में! मुझे एकदम से लगा कि क्या बात है! इसलिए मुझे लगा कि वो कुछ कर देगी।

मैंने उसे कहा

“कैसे बैठूँ?”

मतलब मैंने उन्हें इशारे में कहा कि मैं थोड़ा और बैठूँ?

तो उन्होंने कहा कि नहीं तुम सही तो हो! मैं एकदम चुप थी। फिर उन्होंने कहा कि बस तुम्हारे पाँव को देख रही हूँ। फिर वो मुझसे बातें कर रही थी और मेरे पाँव उसके हाथ में थे। इस तरह मेरा हाथ भी उसके हाथ में था, और वो कुछ और बातें कर रही थी। फिर मेरा पीठ एकदम उसने धीमे से कहा तो मुझे इतना आराम मिला। वो 5 दिनो के लिए जयपुर आयी थी। रोज़ आती थी, हम ख़ूब बातें करते थे। और मुझे एकदम से लगा कि मैं तो बहुत बढ़िया हो गयी हूँ।

फिर मैंने देखा अपने आप को, तो मैं पहले से सही हो गयी थी। क्यूँकि मैं हमेशा ऊठ नहीं सकती तो मुझे इतना अच्छा लगा कि मैं फिर से ऊठ गयी थी। ममी के साथ में चलने लगी। थोड़ी देर पापा और माँ के साथ में चलने जाती थी। इतना अच्छा लग रहा था। मैं थोड़ी देर जाती और उन्हें कहती कि अब वापस चलते हैं। लेकिन मैं इतना करने लगी तो मैं बहुत ख़ुश हो गयी थी। हरलीन मेरी बहुत प्यारी दोस्त हैं, और वो इतनी कमाल की चीज़ें करती हैं जिससे मुझे लगता है कि मैं जल्दी से उनके पास में चली जाऊँगी।

अगले दिन आयुषी आयी, उसका बथ्र्डे था। हम सब लोग रूम के बाहर

थोड़े देर चलने गए। मैं भी गयी। मुझे इतना अच्छा लगा कि मैं भी इन सपके साथ में जाऊँगी। अभी तो मैं थोड़ी और सही हो गयी हूँ, तो कितना अच्छा है! जब एकदम सही हो जाऊँगी तब हम सब लोग घूमने जाएँगे।

ख़ूब सारे दोस्त और द्रोण। इन सबका नाम मैं अपने मन में कहती हूँ, कि सब लोग आ जाते हैं। लेकिन मैं द्रोण नहीं कहती थी। मन में बोलूँ, तो भी मेरे लिए द्रोण थोड़ा मुश्किल हो गया था। वो द्रोण है, कब से जानती हूँ। जब हम छोटे से बच्चे थे तब हम मिले थे। तब से जानती हूँ कि उसका नाम द्रोण है। लेकिन बस अभी नहीं बोल सकती कि वो द्रोण है। पता नहीं क्या हो रहा था!

हमेशा लोग आते हैं, हर दिन आते हैं। इतने सारे लोग लेकिन मेरे पास में एक चीज़ होती थी, जो कि मैंने कभी किसी को कहा नहीं। पर बस ये हुआ था कि मुझे लगता था कि ये सब लोग अपने घर से मुझे हॉस्पिटल में मिलने आते हैं। ये सब कैसे इतना चल सकते हैं। मुझे एकदम से लगा कि यार इतना चलना तो बहुत ही मुश्किल है। मैं तो बस थोड़ा सा चलती हूँ और फिर आ जाती हूँ। और ये सारे लोग पता नहीं कैसे आते हैं। उनके घर के बाहर इतने लोग होते हैं, इतनी घाड़ियाँ होती हैं। इधर जाओ, उठर जाओ, इतना कैसे चल सकते हैं। पूरे दिन में कहाँ से कहाँ पहुँच जाते हैं। मुझे एकदम से लग रहा है कि इतनी जगह जाना मतलब बहुत ही मुश्किल होता होगा। मैं अपने को सोच रही थी और फिर लगा कि मैं अभी तो अगले रूम में भी नहीं जा सकती। बहुत थक जाऊँगी, या एक जगह कहूँगी कि बस मैं यही तक चल रही हूँ। और बाक़ी मेरे इतने सारे दोस्त, और भी तो इतने सारे लोग वो सब एकदम से कही भी चले जाते हैं।

जैसे की अभिषेक कई बार आया। एक बार आया तो मुझे एकदम से लगा कि मैं उसको बोलती हूँ कि उसका घर तो बहुत दूर है, तो अभिषेक मुझे मिलने कैसे आता होगा।

अब सोच रही हूँ तो कि लग रहा है कि कितनी अच्छी बात है कि इतने सारे लोग आए। और ये भी कि इतने सारे लोग घर से हॉस्पिटल भी आ जाते थे। कितनी कमाल वाली बात है।

चंदन कई दिनो तक यहीं पर रहा, अब जा रहा है। तो वो आया मुझसे मिलने। और उसने कहा कि

“तुम्हारे लिए कुछ कहानी लेकर आया हूँ। तुम पढ़ना।”

फिर वो चला गया। मैंने देखा तो एकदम से लगा कि मैं कैसे पढ़ूँगी। फिर मैंने पहली कहानी निकाली तो देखा अरे वाह! चित्र! बहुत सारे लोगों ने कुछ कुछ कहा था, लेकिन मैंने तो वो सब देखा ही नहीं। मैंने बस चित्र देखे।

सबसे पहले मैंने देखा एक साँप था। बहुत बड़ा सा साँप। वो बहुत ख़ुश रहता था। उसकी ख़ूब सारे चित्र देखें तो वो बहुत ख़ुश रहता था। फिर वो एक लड़की को ठस लेता है। लड़की सो जाती है। वो एकदम से डर जाती है। लेकिन साँप इतने ख़ुश रहता है कि वो बहुत इतर उतर घूमता रहता है। फिर और भी लोग आते है लड़की को सोचते हैं कि हो सकता

है कि साँप ने उसे खाया ही नहीं होगा। फिर मैंने देखा कि वो सही हो जाती है, तो अब पता नहीं कि साँप ने उसे खाया ही नहीं या खाया है, ये मुझे पता नहीं चला। क्यूँकि वो बहुत ख़ुश रहता है, इतना ख़ुश रहता है तो फिर थोड़ी ना किसी को ज़रूरी खा जाता होगा।

फिर एक और किताब मैंने देखा तो उसमें बंदर था। वो कहीं ना कहीं घूमता रहता था। ऐसा मुझे लगा। और वो थोड़ा ज़्यादा सोचता रहता है। वो पहला केला खाता है लेकिन केला अपने आप में लेता है और उतने में और सोचता है कि उसको तो आम खाना अच्छा लगता है। तो फिर केला पता नहीं केला क्यूँ खाता है। इस लिए वो हमेशा कुछ और सोचता रहता है और पहला कुछ खा ता है तो उसको लगता है कि उसे कुछ और खाना चाहिए लेकिन जो वो खा रहा होता है वो उन्हें सोचता ही नहीं।

एक जगह देखा तो हाथी था। पहले एक हाथी फिर उसका एक और हाथी फिर उसका एक और हाथी। वो सब कहीं ना कहीं जा रहे थे। फिर बाद में मुझे समझ नहीं आया कि फिर क्या हुआ। क्यूँकि बस वो कही ना कही जा रहे थे। इसलिए मुझे उतना समझ नहीं लगा। तो फिर मैंने अपने मन में सोच रही थी कि हाथी को एक टिट्टा मिल जाता है। लेकिन टिट्टा बहुत बहुत बड़ा होता है। हाथी उसे देखता है तो बहुत ही ख़ुश हो जाता है कि मैं तुम्हें बहुत ही थोड़ा टिट्टा सोचता था। लेकिन तुम इतने बड़े हो तो चलो मैं तुझपे चढ़ जाऊँगा। फिर हाथी टिट्टा पे पहुँच जाता है, और दोनो कहीं दूसरी जगह पहुँच जाते हैं।

फिर मैंने एक जगह देखा कि एक शहर में शेर होता है। शेर भी एकदम मस्त होता है। इतने लोगों से बातें करता रहता है। ऐसा मुझे लगा।

फिर मैंने थोड़ी देर वो कहानी पढ़ी फिर रख दिया। मुझे एकदम से लगा

कि इतने सारे जो दोस्त हैं ना हमारे, मतलब हाथी, या बंदर या शेर वो सब लोग बहुत ही ख़ुश रहते हैं, लेकिन वो बाद में किसी ना किसी को पकड़ लेते हैं या किसी को मार लेते हैं। लेकिन वो हैं बहुत ख़ुश। अब हो सकता है कि जिसने चित्र बनाया है तो उसने उन्हें बहुत ख़ुश बताया है लेकिन वो कुछ और कर देते हैं। तो समझ नहीं आता कि इन्होंने बाक़ी लोगों को दुःख दिया है। चित्र उसने उतना अच्छे से नहीं बनाया। और वो साथ में कुछ कुछ बोलते हैं तो मैंने वो पढ़ा ही नहीं। कहानी में बहुत सारे लोग भी थे। चलो अब है तो हैं। लेकिन उस सब का कुछ है ही नहीं। कि वो दुखी हैं या ख़ुश हैं या ग़ुस्से में हैं। कुछ भी समझ ही नहीं आता है कि ये लोग है क्या? थोड़ा सा कुछ बनाया है तो सही है। पर मुझे लगा ऐसा नहीं करना चाहिए था। इतने सारे लोग हैं जिन्हें मैं देखती हूँ। सुनती हूँ। इतने सारे लोग हैं जो इतनी सारी तरह से कुछ कहते हैं, दुखी होते हैं या गुस्सा करते हैं या मुझे ये लगता है कि ये मन में कुछ सोच रहे हैं। जो कि ज़्यादा तर कुछ ना कुछ उनके साथ में चलता रहता है। जैसे मैं कुछ ना कुछ सोचती रहती हूँ, क्यूँकि उन्हें बोल नहीं सकती। कुछ लोग बहुत सुंदर चित्र बनाते हैं क्यूँकि उन्हें दुनिया में इतने सारे लोग हैं तो उन सबको देखते रहते हैं, शायद, इसीलिए वो इतना अच्छा चित्र बनाते हैं।

जैसे कि एक ग़ुस्से वाले को बहुत ग़ुस्सा आता है, इतने में उसके इतने

सारे लोग हैं जिनको ग़ुस्सा आता है लेकिन हर दोस्त को ग़ुस्सा अलग अलग तरह का ग़ुस्सा आता है। जैसे एक दोस्त है वो थोड़ा चुप चाप रहता है, एक और दोस्त है वो ग़ुस्से में कुछ कर सकता है, लेकिन ग़ुस्सा नहीं करता है, या ये भी हो सकता है कि एक दोस्त है जिसे इतना ग़ुस्सा आता है लेकिन वो अपने सिर को कहीं ना कहीं घूम रहा है।

क्यूँकि कुछ भी होता है ना, जैसे वो ख़ुश हैं या दुखी हैं या बहुत चुप हैं, या कुछ भी हो सकता है। इसका मतलब है कि जितने लोग होते हैं उतना ही अलग अलग तरह से चित्र बनाते हैं।

चंदन ने ये मुझे दिया मतलब मैं समझ गयी कि ये चित्र देखूँगी। सही बात है, क्यूँकि हो सकता है कि मैं पढ़ती मतलब जो भी उन्होंने पढ़ा है मैं वो पढ़ती तो ठीक रहता, लेकिन मैंने अभी देखा कि पढ़ तो मैं हूँ नहीं इसका मतलब मैं चित्र देख रही हूँ, और सोच रही हूँ कि चित्र से कहानी में क्या होगा, ये सब। इसलिए इतने सारे चित्र बनाने वालों को भी सोचूँ तो मुझे एकदम से लगा कि एक दिन मैं तब चित्र देखूँगी जिसने बहुत कमाल की चीज़ें किया होगा। ऐसी तरह के चित्र कुछ बहुत सुंदर चित्र बनायेंगे तब मैं उन्हें देखूँगी तो बहुत ख़ुश हो जाऊँगी! बहुत कम लोग होते होंगे लेकिन वो चित्र में इतनी सारी चीज़ें करते हैं ये सोचके मैं बहुत ख़ुश हो गयी। मुझे चित्र बनाना नहीं आता है, बिलकुल भी नहीं लेकिन चित्र देखना मुझे बहुत अच्छा लगता है।

ये मेरी क्लास में था

मेरे हाथ भी बंद थे।
एक और नर्स ने उसे पकड़ा हुआ था।
मैं ज़ोर से चिल्ला रही थी

हर दिन और शाम को और रात को एक जगह होती है जब मुझे लगता है कि ये सब नहीं होना चाहिए, पर अब जो भी है, होता है। नर्स आती हैं ड्रिप लगाने। पहले मेरे गले में ड्रिप लगते थे। तो मुझे पता ही नहीं चलता था। और बहुत दिनों तक ड्रिप चलती थी। फिर एक दिन बहुत दिनों बाद उन्होंने किया, तो अब हो ही नहीं पाता। इसलिए अब वो मेरे हाथ में ड्रिप चलाते हैं। सुबह, शाम, रात मेरे ड्रिप होती है। क्यूँकि अभी मैं खा नहीं सकती और ना पानी पीती हूँ।

पहले जब नर्स आती थी तब मेरे हाथ में ड्रिप करती थी। एकदम से कुछ भी दर्द नहीं होता था। फिर थोड़े दिन बाद थोड़ा दर्द होता था। और अब हाथ में इतनी बार ड्रिप हुआ है कि अब एक बार भी बहुत दर्द होता है। सुबह और शाम बहुत ज़्यादा दर्द होता है। मैं 'आ' चिल्लाती हूँ और आँसू आ जाते हैं। जब मुझे कोई मिलने आता है तब भी मैं एक बार में रो लेती हूँ, क्यूँकि बस अभी अभी नर्स ड्रिप चलाती है।

मुझे लगता है कि मेरे दोस्तों से तो ठीक है पर जब और लोग आते हैं तब भी मैं ज़ोर से चिल्लाती हूँ, तो मुझे अजीब सा लगता है, पर अब क्या करूँ। दर्द बहुत होता है।

हाथ में कहीं ना कहीं ड्रिप वो करके चली जाती हैं। मैं फिर देखती हूँ कि थोड़ा ख़ून उसके पास में रहता है। इस तरह हर दिन मेरा कुछ ना कुछ ख़ून मेरे हाथ में रहता था।

मुझे याद आता है कि मैं एक जगह गयी थी, फिर एक दोस्त आ गए थे। हम ख़ूब बातें कर रहे थे। फिर हम दोनो चुप थे। मैंने अपना एक हाथ देखा और फिर मैंने देखा कि उसमें 3 बंदी हैं। तो मैंने उसे कहा कि

"ये हटानी हैं।"

तो उसने देखा और कहा

"अरे कितनी सुंदर हैं। तुम्हारे हाथ में तो प्यारी लग रही है।"

फिर तब से मैंने ये सब नहीं सोचा था।

फिर मैंने एक बार फिर से हाथ देखे, तो लगा अब क्या करूँगी। 3 और इतनी सारी और भी बिंदी हो गयी है। ये सब मुझे हमेशा याद रहेंगी। मैं जब भी अपने हाथ देखती हूँ तो इतनी ड्रिप मुझे फिर से याद आ जाती है। एक बार को मैंने सोचा कि मुझे ये सब नहीं कहना चाहिए। या ये सब हाथ में जो भी हुआ है ये सब हटा दूँगी, फिर लगा अब कैसे हटा दूँगी। ये तो हमेशा रहेगी।

डॉक्टर ने पापा को कहा कि एक और ओप्रैशन करना है। पापा ने मुझे बताया। मैं बहुत थक गयी थी। बहुत दुखी हुई थी। इसलिए बस अब और नहीं करना चाहिए। लेकिन पापा ने कहा कि

“नहीं अब सही हो जाएगा। सिर में बस एक छोटा सा ओब्रैशन करना है। बस फिर हो गया।”

मैंने कुछ नहीं कहा। पर मुझे इतना बुरा लगा। 4 औप्रशन मतलब मैं पता नहीं कैसी हो जाऊँगी। एकदम से पापा ने बताया कि कल करेंगे। हर जगह मैं जाती थी, लेकिन इस बार मैं बहुत दुखी हुई जा रही थी। लेकिन फिर लगा चलो ये मुझे सुला देंगे फिर जब मैं उठूँगी तब देखूँगी।

अब मैं औप्रेशन में आ गयी। मुझे एकदम से उन्होंने लिटा दिया। जो कि हम सब लोग आराम से लेट जाते हैं। जिसका औप्रेशन होता है, वो। फिर मैंने इधर उधर देखा। सब लोग कुछ ना कुछ काम कर रहे हैं। मैं सोच रही हूँ कि अभी मुझे इंजेक्शन देने ही वाले हैं।

डॉक्टर के साथ में शायद 9 लोग और हैं, उनमें से एक डॉक्टर था। वो मेरे पास आया और मैंने उसे देखा। ओह ये वही है। हम शायद 9th में थे। ये मेरी क्लास में था। उसने बस मुझे देखा और वो कुछ नहीं कह पाया। फिर और डॉक्टर की तरह कुछ काम करने चला गया। मुझे एकदम से लगा कि आप कभी भी जीवन में कुछ भी होता है तो आप डॉक्टर के यहाँ जाते हैं। पर आप ये नहीं सोचते कि आप जिन्हें जानते हैं वो वहीं

होगा। और शायद आप सोचते हैं कि कोई नहीं होगा। जो हमें नहीं जानते वहीं होंगे। पर पहली बार लगा की मेरा दोस्त मेरी क्लास में पढ़ता था वो मेरे डॉक्टर के साथ में काम करता है। मुझे एकदम से बहुत अजीब लगने लगा कि ये मुझे उठाता होगा, मेरे ओप्रतीयों में कुछ ब्लड हटाता होगा या मेरे पाऊँ पकड़ता होगा, मुझे बिलकुल भी समझ नहीं आया। मैं एकदम चुप हो गयी थी। इतने में डॉक्टर आए। फिर मुझे एकदम से लगा कि मुझे इंजेक्शन नहीं दे रहे। इतनी देर में मुझे उठना था, तो मेरे पाँव बंद किए थे। ओह मेरे हाथ भी बंद किए थे। मैं एकदम बंद थी।

3 ओपरेशन के बाद अब एक और ओपरेशन में इंजेक्शन नहीं करना चाहिए। उफ़्फ़्फ़्फ मुझे एकदम से बहुत ग़ुस्सा आया लेकिन फिर लगा कि अगर पहले ये लोग कह देते तो फिर मैं नहीं करती ओप्रेशन। ख़ैर मुझे लगा कि ग़ुस्सा एकदम से चला गया। मेरी आँखें बंद कर दिया। डॉक्टर ने शुरू किया। मैं एकदम चुप थी। कुछ कुछ देर वो फिर से कुछ कर रहे थे।

फिर मुझे एक बार बहुत डर लगा। लेकिन अभी तक तो नहीं, लेकिन बाहर में ये करेंगे इसलिए मुझे बहुत डर लगा। पर मैं एकदम चुप थी, एकदम चुप। इतने देर में मैं ज़ोर से चिल्लाई। मेरी सिर में एकदम से इन्होंने कुछ काटा दिया था। दर्द हो रहा था। और बहुत बहुत दर्द हो रहा था। मैंने "आ" कहा फिर उन्होंने कहा कि

"बस कर रहे हैं, बस कर रहे हैं"

लेकिन मैं बस बहुत ज़ोर से "आ आ" कर रही थी। मुझे एकदम से लगा कि मेरे सिर में एक अजीब सा कुछ कर रहे हैं, ये नहीं समझ आया कि क्या है पर है ये पता था। मैं फिर से चिल्लाई, फिर से चिल्लाई, लेकिन

जो है, तो हो रहा था। मैंने मेरे पाँव ज़ोर से खींचे तो मैंने देखा कि मेरे पाँव एकदम बंद हैं। और नर्स ने उन्हें ज़ोर से खींचा हुआ था। मेरे हाथ भी बंद थे। एक और नर्स ने उसे पकड़ा हुआ था। मैं ज़ोर से चिल्ला रही थी, एकदम से चिल्ला रही थी। कुछ अजीब सा मेरे सिर में जा रहा था। डॉक्टर कह रहे हैं

"बस होने ही वाला है, बस होने ही वाला है"

लेकिन ये बस इतना सा नहीं था। चल रहा है चल रहा है। और मेरे आँसू आ रहे हैं। लेकिन बंद, एकदम आँखें बंद कर लिया तब भी आँसू आ रहे हैं।

मुझे इतना दर्द हो रहा था, सब लोग मुझे पकड़े हुए हैं। मैं चिल्ला रही हूँ, फिर बहुत देर में मैं बहुत थक गयी थी। बहुत थक गयी। लेकिन इतना दर्द हो रहा था, लेकिन मैं बहुत थक गयी थी। मैं एकदम से चुप हो गयी। सब को लगा कि मैं बेहोश हो गयी। डॉक्टर ने कहा, बेटा बेटा! मैंने हाँ कहा। तो वो फिर से अपने काम करने लगे। मैं एकदम चुप थी। सिर में कुछ कर रहे थे, मैं नहीं जानती लेकिन मैं इतना चिल्ला रही थी, कि मेरे चिल्लाना कुछ नहीं होता उन सब को। इसलिए मैं चुप हो गयी। मुझे लगा कि डॉक्टर अपने में करेंगे, सही से करेंगे, अब मैं क्या क्या चिल्लाऊँ। और मैं बहुत थक गयी। मैंने बहुत देर तक मेरे सिर को सोचती रही।

थोड़ी देर में सही हो गया। बहुत दर्द थोड़ा कम हो गया। फिर मैं एकदम चुप थी। बहुत थक गयी थी। नर्स मुझे लेकर आयी। पापा और ममी ने देखा। मैं एकदम चुप थी। फिर मैं फिर से सो गयी।

अब मैं उसके बारे में लिख रही हूँ। बहुत सारी चीज़ें डॉक्टर कर रहे थे, नर्स कर रही थी। बहुत सारी चीज़ें हो रही थी। पर वो सब मैं नहीं लिख रही हूँ। सबके सामने अपनी चीज़ें होती हैं। मुझे वो हमेशा याद रहेगा। बाक़ी लोगों को भी याद रहेगा, जब शायद कभी कुछ हो जाएगा। लेकिन अगर नहीं होगा, तो तो बहुत ही अच्छा!

मैं आ गयी और सो गयी। पता नहीं मैं फिर से सोई या नहीं सोई। क्यूँकि मैं लगभग उसी दर्द में ही थी। मेरे दिमाग़ में अभी भी कुछ ना कुछ हो रहा था। या ये भी हो सकता है कि नहीं हो रहा था लेकिन मैं अभी भी दर्द में थी। एक बार मैंने पाँव से उठाया तो फिर से मैंने नहीं किया क्यूँकि मुझे लगा कि एक नर्स ने मेरा पाँव खींचा हुआ है। मैंने फिर से देखा तो नहीं था। नर्स नहीं थी, किसी ने मेरे हाथ भी नहीं खींचा था। पर मेरे सिर में अभी तक कुछ हुआ था। इसलिए मैं अकेले वही सोच रही थी कि अब कुछ हुआ है, अब फिर से कुछ हुआ है।

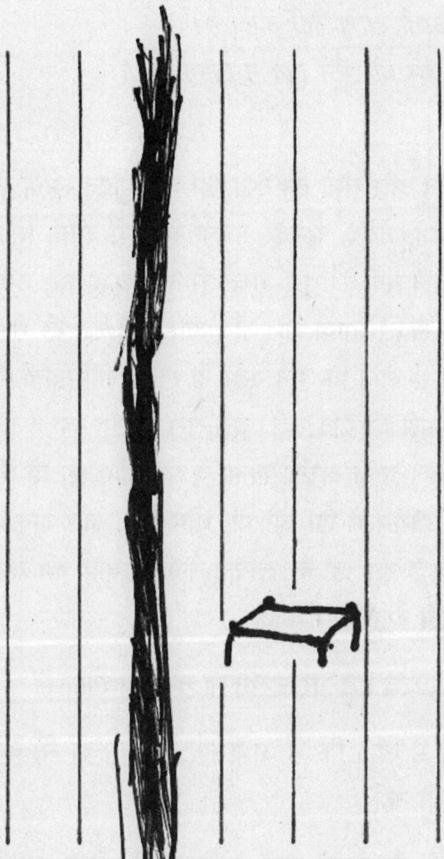

if i were rain

रोज़ पापा मुझे खाना खिलाते हैं।
मुझे अभी खाना नहीं आता है।
फिर धीरे धीरे मैंने ख़ुद ने खाना खाया।

रात में मैं अनु और ममी को देख रही थी। मुदित खाना लेकर आया है। मुदित, लोकेश, देवेंद्र, समंदर सबके साथ में आया था। वो सब लोग आए और चले गए थे। मुझे अच्छे से कुछ कह कर, अब चले गए थे। मुदित खाना लेकर आया था। अनु और ममी खा रहे थे। मैंने देखा, तो मुझे एकदम से लगा कि मैंने कभी ये खाना नहीं खाया है। पहले खाया है, पर अब मुझे वो याद नहीं। मुझे बस ये लग रहा है कि मुझे फिर से खाना खाना है। इतना अच्छा खाना ये सब लोग खा रहे हैं। मैंने ममी को देखा तो वो आराम से खा रही थी। धीमे धीमे, और अनु को देखा तो वो बड़ा बड़ा कुछ खा रहा है, लेकिन तेज़ी से कुछ खा रहा है। इतनी देर में अनु ने मुझे देखा और कहा

"अगली बार जब हम घर चलेंगे ना तुम तब खाना।"

मुझे एकदम से लगा कि मैं अभी खा लूँगी अच्छे से, क्यूँकि मैंने कभी कुछ खाया ही नहीं।

फिर मैं कहीं और देखने लगी। लेकिन मैंने हमेशा खाने का ही सोचा। सबसे पहले जो लोग खा रहे थे जिसमें सबसे ज़्यादा मिर्ची थी। लेकिन वो खाना बहुत ही कमाल का था। ममी ने कहा कि इसमें मिर्च है पर ये

तो बहुत कमाल है। वो रोटी भी खा रहे थे। रोटी के बारे में कुछ बोल ही नहीं रहे थे। पर मुझे एकदम से लगा कि रोटी है तो मैं तो 5 या 6 खा लेती और मुझे लगता कि बस बहुत खा चुकी हूँ लेकिन एक और खा सकती हूँ। उन सबके साथ में और भी चीज़ें थी। मुझे एकदम से लगा कि मैं अनु और माँ को कहूँ कि यार इतना अच्छा लग रहा है। लेकिन वो दोनो चुप हैं और खा रहे हैं। उनको लग रहा है कि गुनगुन खा नहीं सकती इसलिए हम बाक़ी चीज़ें नहीं बोल रहे बस खा रहे हैं। पर वो दोनों अच्छे से खा रहे थे मतलब सच में कमाल होगा।

मुझे लगा कि मैं खाना कैसे खाऊँगी, मुझे ये सब पता ही नहीं। अगले दिन फिर से कुछ खाना मेरे लिए आया था। मेरे सामने खाना आया तो मुझे एकदम से लगा कि मैं बढ़िया वाला कुछ खाऊँगी। मैंने कुछ खाया लेकिन मैंने बहुत बुरा वाला खाया क्यूँकि मुझे पता ही नहीं की खाना कैसे खाते हैं। रोटी के साथ में चावल खाते हैं क्या या नहीं रोटी के साथ में सब्ज़ी। या नहीं आलू को खाते हैं या किसी और के साथ में खाते हैं। पर मुझे इतनी बार भूख लगी थी, कि मैंने फिर से बहुत बुरा वाला खाया लेकिन बहुत खाया भी। फिर पापा आए उन्होंने कहा

"मैं खिलाता हूँ।"

मुझे नहीं पता कि उन्हें समझ आया कि मैंने क्या खा रही हूँ या कुछ और खा रही हूँ या उन्हें बस लगा कि वो खाएँगे तो मैंने खाया। रोज़ पापा मुझे खाना खिलाते हैं। मुझे अभी खाना नहीं आता है। फिर धीरे धीरे मैंने ख़ुद ने खाना खाया। थोड़ा और अच्छा लगा। क्यूँकि मुझे लगा कि मैं पहली बार में खा रही थी। जो कि सही बात है। पहली बार खा रही थी।

एक बार मैंने देखा कि हॉस्पिटल में हरताल हो रही हैं। कई दिनो से है पर मैंने देखा कि अच्छा अब हो रही है। बहुत सारे नर्स हरताल कर रही हैं। एक बार मैंने देखा कि अभी तो बहुत बहुत सारी नर्स हैं जो बाहर हैं लेकिन फिर अंदर कौन है? ख़ूब सारी नर्स मुझे देखती हैं तो बहुत ख़ुश हो जाती हैं। मुझे मिलने आ जाती हैं, प्यार करती हैं, लेकिन जैसे ही मुझसे दूर जाती हैं तो ख़ूब नारे वाज़ी करती हैं। लड़कियाँ और लड़के सब हरताल कर रहे हैं। ये लोग कह रहे हैं कि उनको और पैसा मिलना चाहिए, ये सब लोग बहुत काम करते हैं, इसलिए थोड़ा और पैसा मिलना चाहिए। और हॉस्पिटल कह रहा है कि तुमको जो करना है करो, छुट्टी करो, या मत आओ, या पैसा बताओ, हम नहीं करते।

अब इतनी सारे लड़कियाँ है जो कहीं ना कहीं से आयी हैं, जिसमें बहुत सारी लड़कियाँ कोलकता से आयी हैं कुछ लड़कियाँ केरला से आयी हैं, और भी बहुत अलग अलग शहर से। वो यही काम करने आयी हैं, और ये लोग कह रहे हैं कि जाओ।

लड़के भी अलग अलग जगह से जयपुर आ गए हैं, और ये काम कर रहे हैं। लेकिन इस हॉस्पिटल को देखें तो बहुत थोड़ा सा पैसा उन्हें देता है, ये कोई मतलब थोड़ी ना है।

एक दो दिन मैंने देखा कि मेरी जो नर्स हैं वो नहीं आ रही। अलग नर्स आ रही हैं। समझ आ गयी कि वो हरताल कर रही हैं। इतने में एक नर्स आयी और उसने कहा कि

"हम ऊपर चलते हैं। ऊपर एक और रूम हैं, वही चलिए।"

पापा ने पूछा कि क्यूँ चल रहे हैं। तो नर्स ने बताया कि

"बाक़ी लोग हरताल कर रहे हैं इसलिए ये भी हो सकता है कि बीच बीच में कुछ चीज़ें हटा देंगे, या किसी और लोगों को मारेंगे, या कुछ और लोग जो यहीं पर हैं, उन्हें कुछ कर देंगे।"

इसलिए आप चलिए ऊपर।

मुझे एकदम से लगा कि मुझे क्यूँ मारेंगे, हॉस्पिटल के बारें में कुछ कर सकते हैं पर मुझे थोड़ी ना कुछ मारेंगे। पर हम ऊपर चले गए। वहाँ और बढ़िया वाला कमरा था।

हरदाल ने कुछ भी नहीं मारा किसी को भी। बिना बात, पर चलो मैं यहाँ आ गयी।

धीरे धीरे हरदाल कम हो रही है। क्यूँकि बहुत सारे लड़के और लड़कियाँ फिर से काम कर रहे हैं। थोड़ी देर में उन्होंने हरदाल छोठ दी और अपने काम में फिर से करने लगे। बाक़ी लोग हरदाल कर रहे हैं।

एक आंटी आयी। वो बाक़ी लोगों से पूछ रही थी कि

"कहाँ जाना है।"

उन्होंने किसी लड़की से पूछा जो हतदाल कर रही थी। तो उस लड़की को बहुत अच्छा लगा। इतनी देर में आंटी ने कहा कि

"वो हॉस्पिटल में काम करने आयी है।"

बात यही है। इतने सारे लोग हैं जो हरदाल करते हैं लेकिन फिर से आ जाते हैं। क्यूँकि उन्हें लगता है कि पैसे कहा से लेंगे। यहाँ मिलता है तो काम है पर अब क्या करें। कुछ लोग फिर से हरदाल करते हैं, पर फिर से वो लोग बहुत बहुत काम के लोग होते हैं। फिर और भी लोग चले जाते हैं।

और देखे तो एक चीस ये भी होती है कि अगर नर्स नहीं है तो बाक़ी की जो चीसें वो करती थी तो वो अब कौन करेगा। मेरे हाथ में इतनी बार वो ड्रिप कर रही हैं पर इतनी देर में हो ही नहीं रहा, क्यूँकि वो जानती ही नहीं की क्या करतें हैं। क्यूँकि ये नर्स नहीं हैं, और नर्स हरताल कर रही हैं।

पर फिर भी मुझे लगा कि कहीं ना कहीं अच्छे से काम करना चाहिए या पैसा सही से मिलना चाहिए। हॉस्पिटल को अच्छे लोगों के लिए होना चाहिए।

पापा आए तो अपने घर से एक किताब लेकर आए थे। थोड़ी बाहरी

किताब लेकर आए थे। उन्होंने मुझे दिखाए और उन्होंने कहा -

"if i were rain"

अह्हा मुझे बहुत अच्छा लगा मैं उन्हें बता रही थी कि फैज़ल ने दिया था। बहुत महीने पहले तो मैंने उन्हें कहा लेकिन मैंने उन्हें ये कहा कि इशारे से कि एक दोस्त ने दिया था, जैसे कुछ कहा मैंने, तो उन्होंने कहा

"चलो ये पढ़ते हैं।"

उसमें ख़ूब सारी फ़ोटोज़ हैं। जो दिल्ली में कहीं ना कहीं में खींचे हैं। अह्हा। इतने अच्छे फ़ोटोज़ हैं, लोगों के बारें में, उनके लिए वहाँ घूमने में, अलग अलग शहर के बारे में, और कुछ कुछ फ़ोटोज़ तो इतने कमाल थे कि मुझे फिर से पापा को कहा कि अभी इन्हें और देख रही हूँ। कुछ फ़ोटोज़ बहुत कमाल थे। पर वो ख़ूब सारे थे। इसलिए बहुत देर तक देखने के बाद पापा ने कहा कि थोड़ा बाद में पढ़ते हैं। क्यूँकि वो अभी तक बहुत सारे फ़ोटोज़ देख रहे थे। मैंने भी यही कहा कि बाद में पढ़ेंगे।

कई बार जब मैं बहुत देख लेती हूँ ना तो बहुत थक जाती हूँ। फ़ोटोज़ बहुत कमाल का होता है इसलिए मैं उन्हें बहुत देर तक देखती हूँ, बहुत अच्छा लगता है मतलब बहुत देखने के बात मैं बहुत थक जाती हूँ।

2 साल बाद फ़ैसल मिले, कुछ बातें कर रहे थे फिर उन्होंने कहा कि

"अगर तुम वो फ़ोटोज़ नहीं देख रही तो मुझे फिर से देदो।"

तो मैंने उन्हें बताया कि

"अगर तुम्हें चाहिए तो मैं देती हूँ लेकिन मैंने और पापा ने देखा, उफ़्फ़्फ बहुत कमाल की फ़ोटोज़ हैं"

इस तरह मैं उसे बता रही थी तो फिर उसने कहा कि

"ठीक है अपने पास में ही रखो!"

हिमांशु जी आए, मुझे बहुत अच्छा लगता है, वो हमेशा कहीं ना कहीं आ जाते हैं, इतनी देर में उनके साथ में अंकल और आंटी आयी। मैं थोड़ा और बैठ गयी थी। अनु और माँ भी वहीं पर थे। आंटी आयी, मुझे प्यार किया। वे पहले भी आयी थी। आंटी और मामी दोनों आयी थी। फिर अंकल आए, वो मेरी तरफ़ देखे और हँसे, मैं भी हँसी। अनु और माँ पहले से उन्हें जानते हैं, क्यूँकि अंकर ने बहुत चीसें की थी। मुझे बिलकुल नहि पता था। तब पापा ने बताया कि

"डॉक्टर ये वाला सही है, अब इन्हें बताइए, उन्हें सुनाइए।"

अंकल बहुत अच्छे वाले डॉक्टर थे, मैं इतने सालों से जानती थी। लेकिन अब पापा ने बताया कि बहुत सालों पहले जब अंकल पढ़ रहे थे तब तोपरिया भी उनके साथ में पढ़ रहे थे। अंकल से बहुत छोटे हैं इसलिए अभी ये दोनो मिले, तो व्यास जी ने उन्हें बताया तो वो दोनो जान गए

थे एक दूसरे को।

अंकल ने मुझे ख़ूब सारी बातें बताई, लेकिन ज़्यादा ज़्यादा अनु और मम्मी को बताया। मुझसे कुछ कुछ बातें बता रहे थे, इतने में उन्होंने कहा

“अभी नहीं बता रहा जब तुम अच्छे से बोलना, कहना जब समझ जाऊँगी, तब मैं ख़ूब बातें करूँगा। तुम भी ख़ूब बातें बताना।”

आह! मुझे इतना अच्छा लगा, कि लगा पहली बार कोई कह रहा है कि जब तुम बोलने वाली हो जाओगी, तब मैं ख़ूब बातें करूँगा।

मैं इतनी ख़ुश हो गयी थी, कि मैं जल्दी से सही हो जाऊँगी। अंकल ने ममी के लिए कहा

“थोड़े दिन की बात है, बाक़ी तो एकदम सही हो जाएगी।”

ममी भी ख़ुश हो गयी।

फिर वे सब लोग चले गए। मुझे उस दिन से इतना अच्छा लगा कि मैं जल्दी से सही हो जाऊँगी तब अंकल के ओस चली जाऊँगी, तब हम ख़ूब बातें करेंगे।

अगले दिन सुमन दादा आए। सुमन सरकार और उनकी पत्नी और बेटा। और उनके साथ में माँ। माँ बंगाल बोलती हैं। वे वही की हैं भी। लेकिन अब जयपुर में बहुत सालों से यहीं पर हैं पर बोलती बंगाली है। हम दोनो

हमेशा बातें करते थे। वो बंगाली बोलती थी और मैं हिंदी तब भी वो समझ जाती थी जो मैं कहती थी। इस तरह मैं भी जानती थी कि बंगाली में क्या होता है या वो क्या कह रही है। पर हम दोनो को अपना बोलना बहुत अच्छा लगता था लेकिन हम दोनो बंगाली और हिंदी बोलते रहते थे। वो आयी, उन्होंने मुझे प्यार किया। दिपान आया उसने कुछ किया नहीं लेकिन वो सही था। दादा ने कहा कि "सही हो जाना।"

आज दिन है, बहुत सुंदर है

चाँद जब भी देखती थी तो बहुत सुंदर
पास में चाँद लगता था।
अब देखूँ तो वो बहुत बहुत दूर है।
और मैं अभी लिख भी नहीं पाती।

मुझे पता था कि मैं बस अब घर जाऊँगी। थोड़े दिन और मतलब शायद 3 दिन और हैं। बस फिर मैं घर चली जाऊँगी। हिमांशु पण्ड्या और सुमन आयी। अहहा! मैं एकदम ख़ुश हो गयी। हिमांशु जी ख़ूब ख़ूब बातें करते हैं, मुझे बहुत अच्छा लगता है, मुझे बताते हैं कि बस एक दिन में मैं यहाँ आ गया फिर मैं एक दिन में कहीं और चला जाऊँगा फिर एक दिन में कहीं और घूमने जाऊँगा! मुझे ये बात समझ नहीं आयी कि वो कहीं ना कहीं से आए हैं क्यूँकि मुझे उस जगह का नाम आ गया पर समझ नहीं आया, लेकिन मुझे ये याद आया कि वो रोज़ कहीं ना कहीं जाएँगे। मुझे इतना मज़ा आया। सुमन ने बताया कि वो दिल्ली में ही रहती है इसलिए तुम जब भी मन करे आ जाना मतलब एकदम आ जाना। दोनो ने ख़ूब हँसाया मुझे। इतनी हँसी कि मैंने फिर से उन्हें कहा कि फिर से आना, तो इतने में मुझे लगा कि अरे ये तो कहीं और जाएँगे, फिर कैसे आएँगे!

अगले दिन मिहिर, जय और निधि आए। हम लोगों ने थोड़े देर बात की। उन सब ने कहा कि बस तुम एकदम सही होने वाली हो, तब हम सब घूमने चलेंगे। फिर निधि ने कहा कि मैं जाऊँगी भोपाल, वहाँ इतने सारे दोस्त होंगे, वे सब तुम्हारे बारे में पूछेंगे कि कैसे हो?

मैंने उसे कहा कि कब जाएगी? तो उसने कहा कि 5 दिन बाद। तो मैंने अपने मन में सोचा कि कल तो मैं अपने घर जा रही हूँ, तो मतलब 5 दिन में तो मैं ज़रूर चली जाऊँगी। मैंने निधि को कहा कि मैं भी चलूँगी। निधि ने कहा कि हाँ।

फिर वो लोग चले गए। मैंने मन में सोचा कि मैं नहीं जाऊँगी, लेकिन मैंने उसे कहा कि "मैं पक्का चलूँगी।"

उसने भी सोचा होगा कि नहीं, अभी मत चलना, लेकिन उसने कहा

"हाँ चलना।"

जब वो चले गए तब मुझे बहुत भोपाल याद आया। मुझे याद आया कि हम सब लोग कुछ ना कुछ बच्चों के बारे में लिख रहे थे। लेकिन

वहाँ पर होना ये चाहिए कि किसी को लगता है कि लिखना है तो लिख सकते हैं और नहीं तो ये सोचते हैं कि बाद में लिखेंगे। इसलिए इधर उधर घूमते रहते हैं।

पर होता ऐसा है कि सभी को लगता है कि अब लिखता हूँ। इसलिए सब लिखते हैं। सुशील जी ने एक सुंदर कविता सुनाई।

यहाँ जो भी चाहे आए
हरदम मिलती गरम चाय
कभी भुर्ता कभी दाल
अंडे लेते हैं उबाल
जब भी मेरा होता मन
इसमें पकता चिकिन
मेरे पापा का किचिन

मुझे एकदम से लगा कि अरे वाह ये तो मेरे पापा का जैसा कुछ है। इतना अच्छा लगा सबको। इस तरह प्रभात जी ने एक और कविता सुनाई

बाघ दहाड़ा तो जंगल में
तोते उड़ गए
आँख घुमा तोतों ने पूछा
किसके उड़ गए

वाह ये बहुत कमाल है! बहुत हँसे, बहुत मज़ा आया।

इस तरह सबने कुछ कुछ लिखा। प्रमोद जी ने कुछ भी नहीं लिखा। अब बात तो इतनी है कि बाद में लिख सकते हैं। लेकिन सब ने लिखा और प्रमोद जी ने नहीं लिखा तो हम ख़ूब हँसते हैं उनके साथ में, कि

यार कुछ तो लिखो!

हम सब लोग एक जगह जा रहे थे कि अब सब सुनायेंगे। तो एक दोस्त हैं उन्होंने प्रमोद जी को कहा कि

"यार प्रमोद ऐसा करते हैं कि मैं अपना कुछ सुनाऊँगा, लेकिन बोलते बोलते मैं रुक जाऊँगा, जैसे थोड़ा गड़बड़ बोल जाऊँगा, तब तुम बाक़ी का कुछ सुना देना। तो फिर थोड़ा तुम्हारा जैसा कुछ हो जाएगा"

हम सब लोग बहुत हँसे बहुत हँसे!

प्रमोद जी इतने अच्छे है कि वो भी बहुत हँसे पर फिर उन्होंने एक और उनका ख़ुद का सुनाया जो सबको बहुत अच्छा लगा।

आज दिन है, बहुत सुंदर है क्यूँकि मैं कल जाऊँगी। नर्स आयी फिर से ड्रिप चलाने, लेकिन इतनी बार ड्रिप कर चुके हैं कि अब क्या करें, बहुत दर्द भी हुआ, लेकिन अब क्या करें। फिर उन्होंने डॉक्टर को बताया तो उन्होंने कहा कि

"कोई बात नहीं इन्हें दवा देना, अब ड्रिप नहीं करो।"

फिर उन्होंने मुझे पूछा

"कब जाना है आपको? कल या परसों?"

मैं बहुत ख़ुश हुई और मैंने उन्हें कहा

“परसों!”

वे भी ख़ुश हो गए! और बोले

“ठीक है!”

इतने में ममी आयी और बोली

“परसों क्यूँ जाना है? कल जाना था।”

मैंने कहा कि “कल” जाना है।

तप ममी ने कहा कि तुमने कहा है कि परसों जाना है। डॉक्टर भी ख़ुश थे कि कोई बात नहीं परसों जाना!

फिर से मुझे लगा ओह्होह फिर हो गया गड़ बड़। तब ममी उनके पास गयी और कहा कि उसने कल घर जाना है ये कहा है। तो वो हँसे और बोले हाँ ठीक है।

आह! मैं एकदम ख़ुश हो गयी। शाम को खाना खाके मैंने पापा को कहा कि

इशारे से कहा कि

“बाहर चलते हैं।”

पापा ख़ुश हो गए, हम दोनो चलने लगे।

कमरे में और काफ़ी लोग थे, मैंने उन सबको देखा तो उन सबने मुझे बहुत ख़ुश होकर देखा। मुझे बहुत अच्छा लगा। एक और अंकल है जो यहीं पर बाक़ी लोगों को जाने देंगे या नहीं जाने देते हैं। मुझे लगा एक़बार देखेंगे तो पता नहीं कुछ बोलेंगे। इतने में उन्होंने कहा "कैसे हो बेटा? जाओ जाओ, जल्दी आना।"

मैं बहुत धीमे धीमे चलती हूँ, इसलिए पापा भी धीमे धीमे चलने लगे। हम थोड़ा बाहर आ गए। बाक़ी के लोग दूर हो गए थे। मैंने ऊपर की तरफ़ देखा, थोड़ी देर इधर उधर देखा, लेकिन चाँद दिखा ही नहीं। दो महीने में देख रही हूँ, चाँद दिख ही नहीं रहा। बहुत मुश्किल है क्यूँकि मैं दूर से कोई भी हो तो मैं उसे देखती ही नहीं, या ये भी हो सकता है कि मैं देख पाती ही नहीं। इसलिए मैंने देखा कि चाँद तो बहुत दूर होता है। बहुत बहुत दूर, जिसे मैं देख ही नहीं पाती।

एक बार मैंने सोचा कि चाँद थोड़ा पास में होता तो मैंने उसे अच्छे से देखा होगा। जब भी वो होता तो बहुत पास में होता। लेकिन फिर लगा कि चाँद पास में नहीं आ रहा मतलब बहुत बहुत दिनो बाद वो आएगा तब देखूँगी। पता नहीं कब, पर तब देखूँगी। पहले मैं सोचती थी कि चलो मैं कुछ लिखती हूँ। हो सकता है कि चाँद के बारे में लिखूँगी। और फिर लगा आज शाम चाँद दिखेगा, या कल शाम को। लेकिन ये पता था कि चाँद दिखेगा।

लेकिन अब मुझे चाँद नहीं दिख रहा क्यूँकि मैं लिख ही नहीं पा रही कि चाँद कैसा हो रहा होगा। दूर से कुछ समझ ही नहीं आ रहा कि कौन है? और लिखने में कुछ लिखूँ तो लिखना आता ही नहीं। चाँद जब भी देखती थी तो बहुत सुंदर पास में चाँद लगता था। अब देखूँ तो वो बहुत

बहुत दूर है। और मैं अभी लिख भी नहीं पाती। लगता है जब मैं लिखूँगी तब वो थोड़ा सा मुझे दिख जाएगा।

पापा और मैं थोड़े देर घूमे फिर मैं थक गयी थी तो मैंने कहा, इशारे में कि बैठते हैं।

फिर हम बैठे। पापा कुछ और सोच रहे थे या कुछ और नहि सोच रहे थे, मैं सोच रही थी पर कह नहीं रही थी। इसलिए हम दोनो चुप थे। मुझे एकदम से बहुत अच्छा लगा। पापा ने 2 महीने में हॉस्पिटल के बारे में इतनी बार सोचा होगा, और अब लग रहा है कि हम घर जाएँगे। मुझे एकदम से लगा कि मैं हॉस्पिटल शायद सालों पहले आ गयी थी, अब घर जाऊँगी, तो अब देखेंगे कि घर में कैसे रहते हैं, वो धीरे धीरे समझ जाऊँगी। पर मुझे बहुत अच्छा लगेगा कि हम जायेंगे।

जब मैं घर पर थी और एकदम सो गयी थी। तब पापा मुझे हॉस्पिटल लेकर आए थे। एक औप्रशन होने ही वाला था। मैं सो रही थी। तब पापा आए और मुझे धीरे से कुछ कहा। बहुत सुंदर था लेकिन बहुत कुछ मुझे कहा। मैंने सुना या नहीं पर मैंने सुना। क्यूँकि मैं सो रही थी। पापा को तब लग रहा था कि अब जो भी होगा तो कोई बात नहीं गुनगुन सही हो जाएगी। और अब हम कल घर जा रहे हैं।

मुझे एक़बार पापा को कस के गले लगाने का मन हुआ पर मैं बहुत थक गयी थी और फिर लगा अब चलते हैं जब कि मुझे कहना था कि—

"गले लगा रही हूँ।"

एक बार फिर से मैं अपने रूम में आ गयी।

अनु आ आ

मुझे याद है, एकदम से लगा कि एक और चीज़ हैं
जो अभी मुझे आता है, जो मैं कर सकती हूँ,
और सपसे ज़्यादा सुंदर वो है जो है कैमरा!

साहिल आया घर लेने। मैं कार में बैठी। साहिल धीरे धीरे चल रहा था, और मुझे वो बहुत जल्दी से चल रहा था, ऐसा लग रहा था। थोड़ी देर हम चले मैंने बाक़ी सारे लोगों को देखा। ज़ोर ज़ोर से चला रहे थे। मैं सबको देख रही थी। हम थोड़ी देर पहुँचे तो इतने में मुझे लगा बस यार। बहुत थक गयी मैं तो। और बल्कि हम थोड़ी सी देर ही चल रहे थे। फिर भी मैं बैठी हुई थी। कि हाँ अब घर चलेंगे। हम लोग सच में घर जा रहे हैं, वो बहुत बहुत दूर है। लेकिन हम पहुँचे।

मेरे इतने सारे दोस्त थे यहाँ पर। मोहित था, हमेशा मेरे पास में आ जाता है, इसलिए यहीं आ गया था। अदिति थी, हर्शल था, इतने सारे लोग थे, उन सबका नाम बताऊँ तो बहुत सारे लोग थे। मेरे लिए घर को एकदम सुंदर बना रहे थे। मुझे इतना अच्छा लगा। काफ़ी लोग मेरे पास में रहे फिर शाम को चले गए अपने घर। फिर मैंने अपने कमरे में आयी, जो मेरा कमरा है, मुझे इतना अच्छा लगता है। तो यहाँ एक छोटा सा पत्र था। मैंने उसे बहुत देर से देखा, बहुत अच्छा लग रहा था लेकिन पता नहि किसने लिखा है। मैंने अनु को कहा कि

“ये”

ये सुदीप्ति ने लिखा था। वो एक दिन यहीं आयी थी, मेरे कमरे में सोयी थी। जब सुबह गयी तब उसने मेरे लिए पत्र लिखा था। अनु ने सुनाया, मैं चुप ही रही और बहुत प्यार आया सुदीप्ति पर। मेरे कमरे में और भी पत्र थे, मेरे लिए अलग अलग लोगों ने पत्र भेजा था, या यहीं पर रखा हुआ था। तब मुझे लगा कि मैं जब बोलना, कहना, सुनना, पत्र पढ़ूँगी, तब मैं इन्हें पढ़ूँगी, कितना अच्छा रहेगा। तब मैंने अपने लिए पत्र आए वो अपने कमरे में रख दिया, जब मैं पत्र पढ़ूँगी तब उन्होंने क्या कहा है, तब सोचूँगी।

मैं जब भी पत्र भेजती हूँ, तो अपने मन में कुछ चल रहा है, बहुत सुंदर लग रहा है, कुछ कहना उसे बताना है, ये सब सोचती हूँ तो मुझे लगता है कि पत्र भेज देती हूँ। मुझे इतना अच्छा लगता है और फिर वो दोस्त मुझे फ़ोन करते हैं और इतने पागल हो चुके होते हैं कि किसी ने उन्हें पत्र भेजा है ये कितनी कमाल वाली बात है। इस तरह बहुत अच्छा मुझे भी लगता है जब मैं पत्र भेजती हूँ।

मैं फिर से ख़ुश हो गयी थी कि अब इस बार मेरे पास पत्र आया है, मेरे लिए हाथ से लिखा हुआ है। हाथ से लिखा हुआ है मतलब कितना कमाल लग रहा है, क्यूँकि अभी मुझे बिलकुल बोलना या लिखना नहीं आ रहा तब मैं उनके बारे में देख रही हूँ, कि कितना अच्छा पत्र उन्होंने भेजा है। जब मैं लिखूँगी तब पहले पत्र जो अभी मेरे पास में है, इसे पढ़ूँगी, फिर से उसे पत्र भेजूँगी।

घर में मैं ज़्यादातर बैठ जाती हूँ। उतना नहीं चल सकती। अपने कमरे में बैठती हूँ, फिर वहाँ जाती हूँ, फिर से आ जाती हूँ। थोड़ा सा कम चलती हूँ। लेकिन मुझे लगता है कि ऊपर चलते हैं, अच्छा होगा। तो फिर पापा या अनु मेरे साथ में चलते हैं। मैं अकेले नहीं जाती हूँ। अब क्या करें, मैं अपने कमरे में अकेले नहीं रहती हूँ। कोई ना कोई साथ में होता है। रोज़ शाम को कुछ लोग आते हैं।

रुचिर आया, ख़ूब दिनों के लिए, आ गया। बस मैं आयी घर में और वो आ गया। मुझे इतना अच्छा लग रहा था कि वो मुझसे बातें करेगा, तो उसने ख़ूब बातें की। मुझे बहुत अच्छा लगा। एक दिन हम दोनो ऊपर गए थे। छत में। मैं वहाँ बैठी थी। तब रुचिर मेरा कैमरा लेकर आया। और उसने मुझे दिया।

एक बार मुझे लगा कि मैं शायद भूल गयी हूँ कि इसे कैसे फ़ोटो खींचते हैं। उसने मेरे हाथ में कैमरा दिया। मैंने बहुत धीमे से पकड़ा। पकड़े हुए मुझे फिर से लगा कि मुझे बिलकुल याद है कि कैमरा कैसे खींचते हैं। आह! मुझे याद है, कितनी अच्छी बात है कि मुझे याद है कि फ़ोटो कैसे खींचते हैं। इसलिए मुझे दो महीने पहले मैंने जो फ़ोटो खींचा था वो अब मैं और भी ज़्यादा खींच सकती हूँ। एकदम से लगा कि वाह एक और चीज़ हैं जो अभी मुझे आता है, जो मैं कर सकती हूँ, और सपसे ज़्यादा सुंदर वो है जो है कैमरा! मैं सोचती थी कि शायद मुझे अब याद भी नहीं कि कैसे कैमरा पकड़ते हैं। अब मुझे एक बार फिर से लगा कि वाह मुझे अभी भी याद है!

रुचिर को मैंने देखा तो वो भी ख़ुश हो गया था। फिर हम नीचे आ गए।

एक दिन रुचिर मुझे कुछ और गाने बता रहा था। हम सुन रहे थे। इतने में अनु आया। नीचे। तो उसने कहा उसको बोलो कि जल्दी से आजा। मैंने ज़ोर से कहा

"अनु आजा जल्दी से"

उफ़्फ़्फ़्फ मैं एकदम ख़ुश हो गयी। और रुचिर भी। फिर से रुचिर ने कहा

"एक बार फिर कहो"

मैंने कहा

"अनु आ आ"

रुचिर ने फिर से कहा

"एक बार फिर बोलो, जैसे पहले कहा था"

मैंने कहा

"आऽऽ आ"

रुचिर ने कहा

"कोई बात नहीं, पहले तुम्हें अच्छे से बोला था"

मैं थोड़ी चुप हो गयी, मुझे फिर से बोलना आना चाहिए। अगले दिन अनु और रुचिर ने अलग अलग तरह के चीज़ें मुझे दिखायी। मैं समझ गयी

थी। इतने में उन्होंने कहा कि ये सब का नाम इनके साथ में लिखा है। तो जैसे अनु ने सबका नाम दिखाया। एक नाम का चित्र होता है और उसका नाम होता है। जैसे

थाली, चम्मच, बंदर, मछली, लालटेन, झाड़ू, साइकिल, इस तरह उसने सबका नाम मुझे सुनाया।

"तुझे सब कुछ पता है ना"

मैंने हम्म कहा। मुझे लगा कि ये सब लोग तो मैं जानती हूँ।

अनु ने फिर से बोला

"मोर"

मैंने कहा "हम्म"

रुचिर ने कहा

"तुम कहो"

मैंने कहा "हम्म"

"तूने देखा है मोर इसलिए फिर से बोलेंगे मोर"

मैंने बस म कहा। बस म। फिर से मैंने कहा 'ओर'

फिर से अनु ने कहा 'मोर'

तो मैंने कहा मोर। फिर मैंने कहा मोर फिर से मोर।

फिर उसने फिर से कहा कि इसमें लिखा है "चाबी"

मैंने कहा "चाबी"

रुचिर भी ख़ुश हो गया। तो फिर अनु ने मोर मुझे सुनाया और बोला

"क्या लिखा है"

मैंने देखा कि मोर था इसलिए मैंने उसे कहा

"चाबी"

उसने कहा

"ये तो मोर है"

मैंने कहा "मोर"

रुचिर ने फिर से सब कुछ हटा दिया और बस अभी उसने 4 जो लिख हुआ था। वो लिया। उसने बताया कि

"एक है मटका, दूसरा है खटिया, एक है तराज़ू, और है एक इमली।

मैंने कहा "हम्म"

तो वो बोला

"मेरे साथ में बोलो।"

मटका, खटिया, तराज़ू, इमली।

फिर से मैंने कहा मटका फिर से मैंने कहा खटिया। उसने चारों का नाम बोला। फिर से बोलो। मटका, खटिया, तराज़ू और इमली। मैंने भी चारों को बोला। फिर से बोला। फिर से उसने मेरे सामने एक चीस रखी, और बोला

"इसमें लिखा है इसका नाम"

मैंने कहा “मटका”

रुचिर ख़ुश हो गया उसने दूसरा मेरे सामने दिखाया, और बोला

“फिर से उसका नाम बोलो।”

मैंने बहुत ख़ुश होके कहा

“मटका”

तो रुचिर ने कहा

“नहीं ये तो खटिया है।”

“मैंने बोला ना मटका”

रुचिर ने कहा

“हाँ पर ये खटिया है ना कि मटका।”

अनु ने तीसरा दिखाया जिसमें इमली था। तो उसने कहा कि

“ये इमली है। इमली। इमली।”

मैंने कहा हाँ इमली। और एक था तराज़ू। फिर अनु ने मुझसे पूछा कि ये क्या है

“मटका”

तो उसने कहा कि

“अभी तो मैंने बताया ना कि ये इमली है।”

फिर मैंने कहा कि “हाँ इमली इमली।”

फिर उसने मुझे दिखाया तराज़ू, तो मैंने कहा

"इमली"

तो उसने कहा

"इसे तराज़ू कहते हैं।"

तो उस दिन बहुत देर तक यही चला कि मैंने क्या क्या बोल रही हूँ। लेकिन मैंने हमेशा मटका बोला था। जैसे ही वो बताते कि ये क्या है तो मैंने कहा मटका। तो हम सब उसमें ख़ुश हो गए थे, कि चलो मटका तो इसे याद आ गया।

फिर हम सब खाना खा रहे थे, पापा और ममी को बता रहे थे कि आज मैंने क्या बोला। हम बहुत हंस भी रहे थे। लेकिन मुझे एकदम से लगा कि ये सब कैसे बोलूँगी। बहुत ही मुश्किल है। मैं बोलती रहती हूँ जब कुछ बोलोगे, लेकिन कैसे पढ़ना और लिखना, या फिर मैंने जाना कि अब ये लिखना है, पर कैसे बोलूँ तो और भी मुश्किल है।

मुझे इतना सारा पता है। अनु ने बताया लेकिन बोलना कैसे होगा, मुझे बिलकुल समझ ही नहीं आ रहा।

जैसे मुझे कहना था कि

“सब्ज़ी देदो।”

और मैंने क्या कहा

“वो”

बस इतना ही कहा। फिर मुझे बड़ा ग़ुस्सा आया लेकिन फिर लगा ग़ुस्सा क्यूँ कर रही हूँ, अब अभी नहीं आ रहा तो कोई बात नहीं सही से आ जाएगा। पता नहीं कब आएगा, लेकिन देखते हैं। फिर हम सब लगभग सो गए थे। मैंने माँ को देखा। वो भी सो गयी थी। फिर मैं सोने आ गयी लेकिन तब मुझे सोना नहीं आ रहा था, लेकिन सब सो गए। और मैं माँ को सोचती रही।

मुझे याद आया कि जब मैं बहुत छोटी थी ना, मतलब बहुत छोटी सी बच्ची थी। इतनी छोटी कि मैं अपनी माँ के पेट में थी। माँ बहुत ख़ुश थी कि शायद प्यारी सी बच्ची होगी या बच्चा होगा। उन्हें पता नहीं था। लेकिन मुझे पता था कि मैं लड़की होगी। तो माँ ख़ूब ख़ुश थी। फिर जब मैं 6 महीने पेट में ही थी तो माँ को बुखार हो गया। 2 या 3 दिन उन्हें बुखार रहा। उन्होंने डॉक्टर को दिखाया। उन्होंने दवा दी। और कहा कि

“जो बच्चा होगा ना आपके पेट में वो सुनाई नहीं देगा।”

माँ और पापा घर आ गए। और ममी बहुत रोयी। बहुत बहुत रोयी। पापा उन्हें समझाते तब भी वो बहुत रोयी। हर दिन वो बहुत दुखी हो गयी थी। पापा ने कहा-

“कोई बात नहीं, हम बच्चे को बहुत प्यार से रखेंगे। कोई बात नहीं अगर वो और बच्चों की तरह सही नहीं होगा, लेकिन हम उसे बहुत अच्छे से रखेंगे। तुम रो ओ मत।”

ममी बहुत दुखी रहती थी। पर अब क्या करें बच्चा आने ही वाला है।

फिर एक दिन मैं उनके पेट से बाहर आ गयी।

ममी और पापा को एकदम से अच्छा लगा कि लड़की आयी है। कितनी प्यारी है।

ममी बैठी हुई थी, और मेरी नानी मुझे देख रही थी। इतने में एक कमरे को ज़ोर से खींच के कोई चला गया। तो नानी ख़ुश हो गयी क्यूँकि उन्होंने देखा कि मैं बहुत छोटी सी बच्ची सो रही थी लेकिन जैसे कि कमरे को बहुत ज़ोर से खींच तो मैं फिर से उठ गयी। नानी बहुत ख़ुश हो गयी और उन्होंने कहा

"बच्ची ने उसे देखा तो वो डर गयी थी मतलब उसने समझा कि आवाज़ हुई है"

माँ बहुत बहुत ख़ुश हो गयी थी। ख़ूब बारिश आयी थी तब भी। अभी भी आती है जब भी मेरा जन्म आता है।

ये बात मुझे बहुत सालों पहले ममी ने बताया था। उन्हें बहुत अच्छा लगता है। मुझे भी एकदम से लगा वाह, सही हो गयी मैं तो! फिर से मैं माँ को देखूँ जो अभी सो गयी हैं। और अब उन्हें समझ में आ गया है कि गुनगुन को बोलना नहीं आ रहा है। वो बोलती ही नहीं। ममी हमेशा रोती हैं। तब भी वो रोती हैं तो मुझे लगता है कि माँ को फिर से याद आ गया कि बच्ची बोल नहीं सकती।

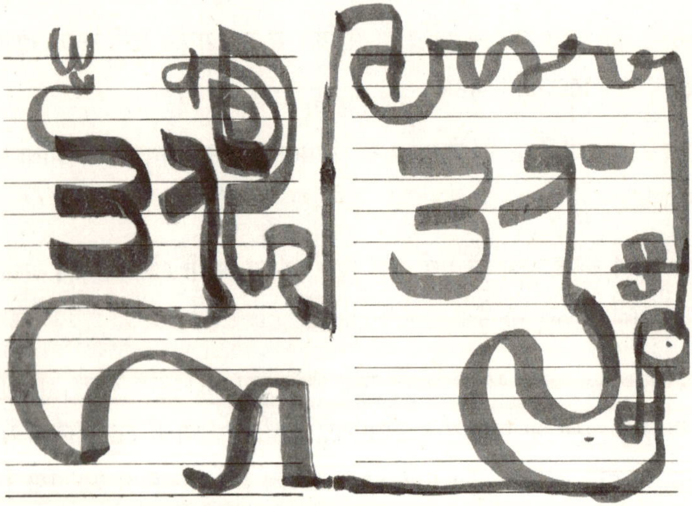

इसकी आँखें होती हैं

मुझे एकदम से लगा
कि 24 साल की मैं पद्मजा हूँ
जिसके सिर में एक चीज़ थी जो अब नहीं है,
24 साल तक वो था तप मैंने उसे देखा ही नहीं होगा

मैंने अपना फ़ोन चलाया। अनु को कहा कि ये कर दे। तो उसने सही कर दिया। मैंने देखा। इतने इतने सारे लोगों के मैसेज और फ़ोन। इतने सारे कि मैं एक बार में देख ही नहीं सकती कि इतने सारे लोगों मैसेज भेजा था। एक बार मुझे लगा कि मुझे बात में करना था। अभी नहीं। पर ठीक है। इतने मैसेज देखा कि लगा बाद में देखूँगी। क्यूँकि इन सबने हिंदी और इंग्लिश में लिखा है। मैं दोनो नहीं देख सकती। एक और दोस्त है उनका भी था। सबका कुछ ना कुछ था। 30 या 40 मेसेज भेज रखे थे सब ने। और एक दोस्त है जिनका मैंने देखा कि 460 मेसज। मुझे एक बार लगा कि सच में इतना सारी चीज़ें उन्होंने भेजी। और एक तो कल भी भेजा था। मुझे एकदम से लगा कि सबको कभी और भेजूँगी जब लिखूँगी तब। बहुत देर तक मैंने सोचा कि इतने सारे लोग थे, इतने सारे लोग मेरे पास आ गए मतलब रोज़ आ गए थे। और रोज़ कुछ ना कुछ भेजते रहते थे।

मुझे एकदम से लगा कि मेरा फ़ोन जो बहुत छोटा सा था, वो अब बहुत बहुत बड़ा हो गया है। पहले मैंने इसे कुछ ना कुछ करती थी, तो जल्दी

से चुप हो जाता था। इसलिए छोटा सा ही रहता था। अब देखा तो एकदम से बहुत बड़ा हो गया था। क्यूँकि इतने सारे लोग कुछ ना कुछ कह रहे हैं, जितना मैं एक बार में सुन भी नहीं सकती। इतना सारा प्यार भेज रहे हैं। मैंने फिर से रख दिया फ़ोन। और मुझे एकदम से लगा कि कितने सारे लोग हैं जो मेरे साथ में हैं।

एक दोस्त आ गए। जब भी आते हैं तो मैं पहले से सही हो जाती हूँ। बहुत अच्छा रहा। जब वो आते तो मैंने देखा, कि वो एक और चीज़ लेकर आ गए थे। उसने पापा को एक कार्ड दिया था। मैं बहुत ख़ुश हो गयी कि अरे वाह, एक कार्ड है। लेकिन मैंने तब उसे नहीं देखा था कि इसमें क्या होगा। अब मैंने फिर से देखा तो मुझे एकदम से लगा कि ये तो वो सारी चीज़ें हैं जब हम लिखने के लिए कहते हैं। मतलब ख़ूब सारे कार्ड हैं जिसमें कुछ ना कुछ लिखा हुआ है या चित्र बनाया है, या अ लिखा है या आ या इ। उफ़्फ़्फ ये तो बहुत मुश्किल है। मतलब वो ये लेकर आया है जो मुझे और भी ज़्यादा मुश्किल होगा। फिर मैंने और कार्ड देखे। तो अब अ कैसे आ बनता है तो अब देखो तुम अ के बाद आ करेंगे तो समझ आएगा कि शब्द अलग हो जाएगा। जैसे क के साथ में इ तो हमने कहा की। मैं एकदम से बहुत थक गयी। मुझे लगा पता नहीं कैसे इसको पढ़ते हैं। यार, ये क्यूँ लेकर आ गए, कुछ और लेकर आते तो मुझे कितना मज़ा आ जाता।

फिर से मैंने अपने को कहा या नहीं मैंने अपने को नहीं कहा कि ये कार्ड अगर कोई लेकर आया है मतलब कितना कमाल वाली बात है। आराम से धीरे धीरे मैं समझ जाऊँगी कि अब क्या कहते हैं, किसी कहते हैं। शब्द कैसे बोलते हैं। तो ये सब लेकर कोई आ गया तो कितनी कमाल वाली बात है। लेकिन मैंने उसे नहीं कहा। पर बात तो सही है कि अगले दिन से पापा ने मुझे फिर से सुनना या कहना या ये कार्ड में क्या लिखा है, ये सब सिखाना शुरू कर दिया था।

तो पापा ने सबसे पहले कहा

"अ"

मैंने भी कहा

"अ"

उन्होंने कहा 'ट' तो मैंने कुछ भी नहीं कहा। तो उन्होंने कहा "प" तो मैं फिर भी नहीं कहा। तो फिर से उन्होंने कहा

"ट बोलते हैं, मतलब चिभ अंदर से ऊपर करते बोलते हैं "ट"

अब मुझे बिलकुल नहीं पता कि क्या ऊपर नीचे करते हैं, तब भी मैंने कहा "ट"

"हाँ एकदम सही!"

फिर उन्होंने कहा "प" तो मैंने भी कहा "प"

इस तरह मैंने कुछ बोला, बाक़ी कुछ नहीं बोला। फिर फिर से उसे बोले

तो मैंने कहा कि हाँ!

ट मैंने ख़ूब बोला। फिर पापा चुप हो गए और उन्होंने कहा

"अब शब्दों के अक्षर बोलना है।"

मुझे कुछ भी नहीं पता लेकिन मैंने हम्म कहा।

फिर बोले

"अब बताओ ये क्या है"

पर अब मुझे कुछ भी नहीं पता था। जैसे मैंने कहा ये "आ" है, जब कि वो "म" था। फिर से मैंने कहा "ब" जबकि वो था "स"। मैंने कहा "ल" है, तो वो था "त"।

तो उस दिन मैंने बहुत बार बोला, लेकिन गड़बड़। मैं बहुत दुखी हो गयी थी। मुझे लगा कि मैंने तो कुछ भी नहीं कहा। पापा ने बताया कि

"हाँ कुछ कुछ तुमने बोला, वो अच्छा है।"

मुझे इतना अचीब लगा कि जैसे मैंने अ की जगह म कहा था, तो पापा ने कहा कि हाँ थोड़ा सही है, जबकि मुझे अब लग रहा था कि ये तो एकदम बकवास है। लेकिन पापा ने तब भी मुझे कहा कि कुछ कुछ सही से बताया तुमने।

श बोलती थी मैं। मुझे श याद रहता था। इसलिए पापा बोलते कि श तो मुझे एकदम से लगता कि हाँ ये मैं जानती हूँ। इसलिए श बोलती थी लेकिन बाक़ी चीज़ें नहीं बोलती थी। इसलिए मैं बहुत दुखी हो गयी थी।

फिर मैं 5 या 6 दिन बाद थोड़ा सा बोलने लगी जैसे पापा ने कहा ये है

"अ" तो मैं भी बोलती थी कि "अ" फिर उन्होंने "आ" कहा तो मैंने कहा "आ इ ई उ ऊ ए ऐ ओ औ" अब बात तो इतनी सी थी कि मुझे बस यही याद था। इस लिए मैंने बोला। लेकिन पापा को लगा कि अरे वाह तुम तो जानती हो! कितनी कमाल बात है! अब बात तो बहुत ही छोटी सी बात है लेकिन पापा को तब बहुत अच्छा लगा।

फिर उन्होंने कहा "प" तो मैंने कहा

"पा पि पी पु पू पे पो पौ"

फिर उन्होंने कहा "र"

और मैंने

"रा रि री रु रू रे रो रौ"

तो इस तरह हमने बहुत देर तक यही किया। फिर मैं थक गयी थी। तो इस तरह पापा ख़ुश थे कि मुझे ये आता है। और मैं इतनी दुखी थी कि मुझे कुछ भी नहीं आता है। इसलिए वो सब को बता रहे थे, कि थोड़ा सा तो इसने जान लिया, और मैंने कुछ भी नहीं कहा क्यूँकि मुझे ऐसा लगा कि मैं इतनी सारी चीज़ें जानती थी, लेकिन अब कुछ भी नहीं जानती।

मैं सुबह उठी तो मैंने देखा अशोक आ गया है! मुझे एकदम से लगा कि अब मैं अच्छे से बोल सकती हूँ क्यूँकि अशोक जानता है कि गुनगुन क्या क्या बोलती है। जब मैं हॉस्पिटल में थी तब मैंने उसके बारे में सोचा था। और ये सोचा कि वो आ जाए। लेकिन वो तब नहीं आया। मैंने सोचा कि अभी आएगा तो उतनी देर हम मिलेंगे ही नहीं। पापा और माँ ने बात किया था कि अशोक को आना चाहिए। उन्हें ऐसा ही लगता है। लेकिन मुझे कहना था कि नहीं अभी नहीं आएगा,वो बात में आएगा। अब इस

बार वो आ गया। 2 दिन यही पर रहा। लेकिन वो आया और उसने मेरी तरफ़ देखा और बोला

"तुम तो बहुत अच्छी लग रही हो।" मैंने उसे जल्दी से गले लगा लिया।

उसे हमेशा याद रहता है, इस तरह उसे याद था कि मैं तिरुव्न्नमलई गयी थी। मैं अक़्लें दिन वह जाकर आ गयी थी। उसे बताया था। लेकिन मैंने बाक़ी लोगों को नहीं बताया, क्यूँकि एक दम से दर्द शुरू हो चुका था, इसलिए मैं भूल गयी थी कि बाक़ी लोगों को बताना था। अशोक ने मुझे कहा कि

"वो जगह अच्छी है। काफ़ी लोग जाते हैं।"

मुझे एकदम से लगा कि मैं इतने सालों पहले गयी थी, अब वो बता रहा है। तब उसने कहा

"अभी तो आयी हो, वहाँ से"

आह, मुझे एकदम से लगा कि मैं वहाँ गयी थी, और बाक़ी सारी चीज़ें उसे याद थी, मुझे बहुत अच्छा लगा।

वो हमारे घर में रहा लेकिन उसने इतनी सारी चीज़ें बतायी। हम सबको बहुत अच्छा लगा। वो हिंदी नहीं जानता। सिर्फ़ इंग्लिश। इसलिए बाक़ी लोग उसे सुन रहे थे। लेकिन वो हिंदी सुन लेता है। इस तरह बाक़ी लोग कुछ हिंदी में बोल रहे थे तो उसे बहुत मज़ा आया।

मैं उससे कहने वाली थी कि अब मैं क्या करूँ? कैसे बोलूँ। मुझे इंग्लिश आती है पर बोलना नहीं आता। इस तरह मैं चुप थी। मुझे हिंदी भी नहीं आता इसलिए मैं चुप थी, लेकिन उसने इतनी सारी चीज़ें मुझे बताई तो

मैं एकदम ख़ुश हो गयी थी। मैं कुछ भी बोलूँ तो वो समझ जाता है। जैसे मैंने उसे कहा

"प्रिय, और बच्चे कैसे हैं?"

तो उसने एकदम से इनके बारे में बताया। उन सबने दुआ भेजी है। मैं उसको बस ये कहा

"वो आऽऽ आ ?"

तो वो समझ गया था कि मैंने क्या पूछा है।

इस तरह मुझे हमेशा लगा कि वो जानता है कि मैंने क्या कहा है? जाने से पहले उसने कहा कि तुम्हारे साथ में 4 चीज़ें होंगी जो कि इतनी अच्छे से हो गयी है। कितनी अच्छी बात है। उसने बताया

"एक- डॉक्टर पर ट्रस्ट हो, यानी विश्वास हो।

दो- दवा अच्छी हो।

तीन- घर में देखभाल अच्छी हो।

चार- खाना अच्छा हो।

आपके लिए सब कुछ अच्छा है, मतलब गुनगुन जल्दी ही अच्छी हो जाएगी।"

फिर वो चला गया। मुझे एकदम से लगा कि मैंने कहा नहीं लेकिन मैंने इतनी सारी चीज़ें उससे कहीं जो एकदम वो समझ गया था। तो मुझे दो दिन ऐसा लगा कि मैंने कुछ बोला है। बोला नहीं लेकिन सब कुछ उसने इतने अच्छे से कहा जो मैं कहने वाली थी। जो भी मैं बोलती, इतने में

वो वही बोलता जो मैंने अभी कहा है। मुझे सब कुछ बहुत कमाल लगा।

आज कल मैं ख़ुद अच्छे से खाना खाती हूँ। पहले थोड़ा सा अब और भी ज़्यादा अच्छा। सब लोग खा चुके होते है तब मैं थोड़ा थोड़ा खा रही होती हूँ। फिर कुछ लोग कुछ और करते रहते हैं और मैं खाना खा रही होती हूँ। मैं अभी खाना खा रही होती मतलब बहुत ख़ुश खा रही होती हूँ और बहुत धीमे धीमे खाती हूँ। 2 रोटी खाती हूँ लेकिन इतनी देर से खाती हूँ। पापा देखते रहते हैं, फिर मैं खा चुकी होती हूँ, तो लगता है हाँ खा चुकी हूँ। तब हम कुछ और करते रहते हैं। पापा अपने काम में नहीं जाते हैं। ममी अपने काम में गयी हैं, पापा यही रहते हैं। मुझे बोलना सिखा रहे हैं।

पापा ने एक चीस दिखाया, और बोले

"इसको क्या कहते हैं?"

मैंने कुछ नहीं कहा। तब पापा ने कहा टमाटर। मैंने भी कहा टमाटर। फिर उन्होंने एक और अक्षर दिखाया साइकिल। फिर उन्होंने दिखाया जिसे कहते हैं मोर।

अब हम देख रहे हैं जिसे कहते हैं दीया।

फिर उन्होंने एक और दिखाया तो मैंने कहा, मतलब मैंने बहुत कुछ

कहा जो मैं बोलती हूँ ना जो समझ नहीं आता कि मैंने क्या कहा होता है, पर मैं अपने मन में सोचती थी कि ये कुछ और होता है, पर पता नहीं इसे क्या कहते हैं। तब पापा ने कहा अंडा। इस तरह वो ख़ूब सारी चीज़ें के बारे में बता रहे थे। मुझे कुछ भी नहीं पता था। फिर पापा ने कहा पेड़। मुझे भी अच्छा लगा। पर ना तो मैं बोल सकती हूँ कि इन्होंने क्या लिखा है, और जो भी मैं सोचती हूँ तो वो मन में सोचती हूँ, वो बोलना भी नहीं आता।

फिर 4 या 5 दिनों बात मैं कुछ बोलती थी, बात इतनी हैं कि मुझे कहना नहीं आता था लेकिन मैं कुछ और चीसें बोलती थी।

उन्होंने एक अक्षर देखा और बोले

"इसे क्या कहते हैं"

तो मैंने कहा

"इसकी आँखें होती हैं, और रात को दिखता है, नहीं शाम को भी दिखता है। पर रात में ज़्यादा।

तो पापा ने कहा "उल्लू!"

एक और चीज़ थी जो उन्होंने मेरी तरफ़ दिखाया।

"मैं हूँ ना, वैसी है। मतलब मैं उठ गयी और बोली जैसे कि मैं"

"हाँ, पर उसको क्या कहते हैं? लड़की"

"एक हम अच्छा वाला खाते हैं ना, बहुत मज़ेदार सा होता है, खा सकते हैं या सब्ज़ी में डालते हैं, मुझे अच्छा लगता है, कभी कभी।"

तब फिर से उन्होंने कहा "टमाटर"

फिर मैंने एक और देखा और मैंने कहा

"आऊँ आऊँ आऊँ!"

पापा ने कहा कि नहीं इसे कुछ और कहते हैं, तो मैंने फिर से किया

"धूटत धूटक"

फिर ने पापा ने कहा, इसे कुछ और कहते हैं, सोचो।

"किशूबाबा"

पापा ख़ुश हो गए!

"उन्हें बहुत अच्छा लगा और बोले उसको क्या कहते हैं?"

मुझे नहीं पता था। तब पापा ने बताया "कुत्ता"

मैंने उसका नाम 3 या 4 साल पहले किशूबाबा किया था। तब से हम उसे किशूबाबा कहते हैं, मुझे एकदम से मज़ा आया।

उन्होंने एक और दिखाया। तो मैंने अपने हाथ से कुछ किया पर फिर लगा पता नहीं समझेगा ही नहीं।

पापा ने कहा

"हाँ बिलकुल! धागा!"

एक और दिखाया तो मैंने कहा कि

"घर"

तो वो एकदम ख़ुश हो गए! मैंने फिर से एक दम बोला था "घर"।

थोड़े देर में हम सब लोग खाना खा रहे थे। सब लोग जल्दी से खा रहे थे और मैं धीमे से खा रही थी। मतलब वैसे तो उन सबने बहुत धीमे से खाया मतलब मैंने तो बहुत बहुत धीमे से खाया। मुझे बोलना था "सब्ज़ी" लेकिन इतने में मैंने अपने मन में कहा "घर"। अरे नहीं, घर सबको नहीं कहते हैं। घर किसको बोलते हैं। फिर मुझे याद आया कि पापा ने चित्र दिखाया था, जिसमें घर होता है। हाँ घर में रहते हैं इसलिए मैंने उसे कहा घर।

मैं एक बार कहीं घूमने गयी थी। बहुत दिनों तक वहीं पर ही थी। उस घर में रहती थी, उतना काम नहीं करती थी, अपना कुछ काम कर रही होती, लेकिन बहुत दिनों बाद मुझे एकदम से लगा कि आह ये घर है। थोड़ा छोटा सा घर जैसा कुछ है।

एक बार फिर से मैं कहीं गयी थी, जहाँ कुछ लोग रहते हैं। लगभग सारे लोग मछली पकड़ते हैं, और शाम को ख़ूब सारी मछली बनाते हैं। माएँ वही पर रहती हैं। सुबह शाम कुछ ना कुछ काम करती हैं। मैं कुछ दिन वहीं पर थी, तो उन सबसे ख़ूब बातें करती रही। एक दिन सुबह मैं उठी तो वो लोग मछली लेने जा रहे थे। मैंने बहुत देर तक उन्हें देखा। समंदर में मछली लेने जा रहे थे। और फिर जब मैं घर आ गयी तो उन्होंने मेरे लिए सुबह सूब बनाया था। बहुत अच्छा करती हैं वो। तब मुझे लगा कि इस जगह को घर बोल सकते हैं।

फिर जैसे मैं हिमाचल में गयी थी। एक दिन और भी लोग कहीं घूमने जा रहे थे। कुछ लोग जो वही पर रहते हैं, वो भी जा रहे थे। तो मैं भी जाने लगी। फिर हम सब लोग बहुत दूर तक चले, फिर कहीं पर रुक गए थे। एक आंटी थीं तो उन्होंने मुझे ख़ूब सारी चीसें खिलायी। ज़्यादा चीसें उन्होंने बहुत अच्छी खिलायीं। ख़ूब सारी फल खा रहे थे। मैंने भी खाया। इतनी सारी चीसें तो मैंने कभी खाया भी नहीं, बहुत मज़ा आया। फिर हम लोग वहीं आगे चलने लगे। अंकल उनकी आंटी और तीन बच्चे और मैं। तो मुझे एकदम से लगा कि ये बहुत सुंदर घर है।

एक शहर में गयी थी, तब वहाँ एक कमरा था वहीं पर कुछ दिन रुकी थी। उस कमरे के थोड़ा पास में पानी धीरे धीरे जाता है। कभी भी देखूँग कि पानी वही से चला जाता था। एक बार मैं उसे देखने गयी थी। इतना सुंदर पानी वही से जाता था। तब कमरे में बैठी मैंने सोचा कि हाँ ये थोड़ा घर जैसा है।

तो मैं अभी घर में हूँ, हम सब खाना खा रहे हैं, और मुझे बोलना है कि सब्ज़ी चाहिए लेकिन मैं बोलूँगी घर चाहिए। अब घर नहीं बोलना चाहिए। ये भी हो सकता है कि मैं एक घर में रहती हूँ जब हम सब लोग सब्ज़ी को कहते हैं कि घर खा लो। लेकिन अब मेरे जो सारे लोग हैं ये सब सब्ज़ी को ही कहते हैं सब्ज़ी। और मैं सब्ज़ी बोलती ही नहीं। तो मैंने बस यही कहा

"वो दे दो"

अनु ने मुझे सब्ज़ी दी और कहा

"सब्ज़ी"

मैंने कहा

"हाँ"

एक बार मैंने कुछ सोचा कि "मैं ये करूँगी।" ताबीना, अमित जी और अवीना भाभी आए। थोड़ी देर में आए, तब तक मैंने कुछ सोचा था फिर वो आ गए, और ख़ूब बातें की। मेरे लिए कुछ चीस लेकर आए थे।

मुझे बहुत अच्छा लगा। लेकिन मैंने कुछ सोचा था, जिसके लिए कुछ करूँगी। लेकिन अब देखते हैं कि काम होगा, मैंने सोचा था कि "ता बी नाह" बोलना है। जैसे ही वो बोलेगी कि

"मेरा नाम क्या है?"

तो मैं उसे कहूँगी ताबीनाह।

इसलिए मैं मन में बहुत बहुत बार सोच रही थी। तबीनाह, तबीनाह। इस तरह वो बहुत देर से यहीं पर रखे और चले भी गए। मुझे एकदम से लगा कि "क्या यार, उसने बोला ही नहीं।" फिर मैंने अपने मन में कहा "अवीना। फिर मैंने बहुत देर से बोलती रही "अवीना अवीना।" इतने में मुझे कुछ गड़बड़ लगा। ओह्होह अच्छा हुआ कि उसने पहले बोला ही नहीं। नहीं तो ताबीनाह बोलती कि बताओ मेरा नाम क्या है? और मैं बोलती अवीना। तो एकदम बेकार हो जाता। अच्छा हुआ कि उसने बोला ही नहीं। लेकिन मुझे बस ये लगा कि क्या पता वो बोलती तो, मैंने अवीना बोला था या मैं ताबीनह ही बोलती। पर चलो रात को सोने में मुझे लगा अच्छा हुआ कि उसने अभी नहीं बोला। बात में बोलेंगी तब मैं अच्छे से बोलूँगी ताबीनाह।

फिर इस महीने में मैं और पापा उदयपुर जाकर आ गए। हम विशाल और सुखमनी की शादी में गए। इतने सारे दोस्त मिले, ख़ूब सारे। वो

सब को एकदम से बहुत अच्छा लगा। मैं उन सबसे मिली। मुझे याद आया कि विशाल और मनोज मुझे मिलने आए थे। जब मैं हॉस्पिटल में थी। लेकिन जिस दिन वो आए उसी दिन मैं औब्रेशन के लिए जा रही थी। चौथी मंज़िल में थी, और अब नर्स के साथ में 1 में जा रही थी। तो सबसे पहले 4 कि लिफ़्ट में मैंने देखा कि अरे वो मेरे दोस्त! मैंने अपनी हाथ ज़ोर से हेलो कहा। तो उन्होंने भी कहा हेलो! फिर मैं लिफ़्ट में चली गयी। फिर मैं 2 मंज़िल में पहुँची, तो मुझे लगा एक बार आ जाए, वो सा। तो एकदम से वो आ गए मैंने फिर से हेलो कहा, फिर इतनी देर में नर्स मुझे 1 मंज़िल में लेकर जा रही थी, कि मैं फिर से लिफ़्ट में चली फिर से मैंने कहा, और उन्हें देखा। फिर मैं औब्रेशन में आ गयी। बस मैं

उन्हीं सब से मिली। पर मुझे इतना अच्छा लगा।

इसलिए मैं और पापा विशाल की शादी में गए मतलब इतने सारे दोस्तों से मिले। विधि, मनीष और कांकू भी आए थे। जब मैं हॉस्पिटल में थी। इस बार मैं उदयपुर गयी तो उनके घर में ही थी। विधि ने कहा कि

"सब सोच रहे थे कि तुम आ जाओ, और तुम आ गयी। इतना अच्छा लग रहा है।"

ख़ैर हम शादी के बाद जयपुर आ गए और पापा ने कहा कि भोपाल चलना है। आह! मैं इतनी ख़ुश हो जाती हूँ जब भी जाती हूँ, लेकिन अब हॉस्पिटल की वजह से कहीं नहीं गयी, इसलिए हम जा रहे हैं ये सोच के मैं बहुत ख़ुश हो गयी थी।

शाम को मैं, अनु और पापा ऊपर छत में गए, तब पापा ने बताया, कि हम जल्दी भोपाल चलेंगे।

फिर अनु कुछ कुछ बातें कर रहा था, जैसे कि वो कभी कभी करता है। पापा भी कुछ बता रहे थे, मैं चुप ही रहती हूँ। ज़्यादा तर मैं चुप ही रहती थी, लेकिन अब बोलना एकदम बंद हो गया इसलिए मैं और ज़्यादा चुप रहती थी। तब पापा ने कहा

"तुमको फिर से बोलना है। मुझे पता है कि तुम बोलती नहीं हो, लगभग कभी भी उतना नहीं बोलती, लेकिन अब तुम्हें यूँ ही, पर बोलना चाहिए।"

फिर मैं और अनु देख रहे थे कि सूरज जा रहा है, अब और शाम आ गयी है। आसमान को देख रही थी, इतनी देर में मैंने उन्हें बताया

"देख बिल्ली जा रही हैं"

अनु बहुत बहुत हँसा, मैं भी बहुत हँसी। हम दोनो बहुत हँसते ही रहे। पापा चुप थे। उन्हें लगता है कि कहीं मैं दुखी हो जाऊँगी, क्यूँकि मैंने बिल्ली बोला है। लेकिन अनु इतना हँसा और उसने कहा "चिड़िया" है ना कि "बिल्ली।" मैंने फिर से कहा "हाँ, चिड़िया।"

दो चिड़ियाँ जा रही हैं। फिर मैंने एक बार सोचा कि "बिल्ली" उठ कर जाएगी तो कैसी लगेगी। फिर मुझे फिर से लगा कि दो बिल्ली जा रही है, तो बहुत ही अजीब सी लग रही हैं। वो नीचे हमारे पास में बहुत अच्छी लगती है। और ऊपर चिड़िया जाती है तो एकदम सुंदर सा हो जाता है।

मुझे हमेशा बहुत मज़ा आता है कि मैंने बिल्ली कहा था जबकि मैं चाहती थी कि चिड़िया ही जा रही है। कितना सुंदर है कि चिड़िया है, जिसे कहते हैं बिल्ली। और बिल्ली ऊँट जैसी लगती है। जब मुझे पता नहीं था तब इन सबने अपना नाम अलग अलग रख दिया था। इसलिए मैं सबको कुछ और बोलती रहती थी। लगभग सबको जानती थी, लेकिन कुछ और नाम से। मैं जानती थी, पर बाक़ी लोग नहीं जानते थे। इसलिए अब जब मैं वही बोलती हूँ जिसे सब लोग बोलते हैं। तो मैं उन्हें कहती हूँ, बात हो गयी है, लेकिन बाद में मैं अपने मन में कुछ और कहती हूँ जो मैंने अपने मन में कहा कि मैं चिड़िया को बिल्ली बोलती हूँ!

ट्रेन चलने लगी। मैं और पापा यहीं ट्रेन में बैठे थे, और बहुत बहुत सारे

लोग भी थे जो कहीं ना कहीं जा रहे थे। कुछ लोग सो रहे हैं, कुछ लोग बातें कर रहे हैं। पापा भी मुझे कुछ बता रहे थे, मैं बहुत हंस रही थी। क्यूँकि मुझे लगभग हँसी आ जाती है। इसलिए मैं ज़ोर से हंस रही थी। कुछ लोग ज़ोर हँसती लड़की को देख रहे थे, फिर अपने काम को कर रहे थे। फिर मैंने पापा को कहा, इशारे से कहा "खाना खाना है"

पापा ने बहुत अच्छे से सब्ज़ी एक जगह की, फिर रोटी भी अच्छे से लिया और मुझे बताया कि हाँ अब खाएँगे। हम दोनों ने बहुत देर तक खाना खाया। सब लोगों ने बहुत जल्दी खा लिया था। हमने थोड़ी देर में खाना खाया। फिर हम लोग कुछ बात कर रहे थे। मैं तब सो गयी, थोड़ी सी देर के लिए। फिर जब उठी तो मैंने कहा "आम खाना है"

फिर पापा ने आम को अच्छे से काटा और आराम से आम मेरे लिए रख दिया। मैं बाहर देख रही थी। फिर आम खाया। इतने में एक जगह ट्रेन रुका, तो मैं बाहर चली गयी।

मैं बाहर देख रही थी। इतने में पापा से एक और अंकर ने पूछा

"आपकी बेटी प्यारी है। वो ठीक है क्या?"

उनकी पत्नी ने कहा

"हिमाचल के ही हैं आप। हमने देखा उसका केब।"

पापा ने कहा

"वो ठीक है। उसका कुछ औब्रेशन हुआ है। इसलिए अभी बोलना नहीं आया है। लेकिन मुझे पता चलता है, इसलिए वो मेरे साथ में जा रही है।"

तो पापा ने उन्हें बताया, तो मैं जब फिर से ट्रेन में बैठी तो वो दोनो मुझे

देखकर मुस्कुराए। मुझे एकदम से लगा कि चलो इन्हें पता तो चला। फिर मैं सोच रही थी कि जब मैं एकदम सही रहती तब भी पापा ने मेरे लिए खाना बनाया होता, और मेरे लिए आम भी लेकर उन्होंने खिलाया होता। क्यूँकि उन्हें बहुत बहुत अच्छा लगता है। इसलिए मैं सही होती तो पापा वैसे ही होते जैसे अभी हैं। लेकिन चलो लोगों को बता सकते हैं कि मेरे आऊब्रेशन हुआ है। तो लोगों को लगता है कि चलो पापा अभी ये सब कर रहे हैं नहीं तो बेटी क़रती होती।

थोड़ी देर में हम भोपाल पहुँच गए। मैं बहुत देर से सोई और फिर गयी तो तब तक सब चले गए थे। तब मैं एक दोस्त हैं उनके साथ में गयी। मैं पहुँची तो इतने सारे लोग थे, मतलब 30 लगभग। तो मैं सबको देख रही थी कि मैं कहीं पर बैठ जाऊँगी। तो मैंने सबको देखा और फिर मैंने फिर से देखा, ओह ये तो विनोद जी हैं। विनोद कुमार शुक्ल। वे भी बाक़ी लोगों को सुन रहे हैं। बाक़ी लोग कुछ कुछ बता रहे हैं। तो फिर मुझे एक दम से लगा कि कोई दोस्त मिल जाए तो मैं उन्हें कहूँगी कि यार क्या दिन है! विनोद जी मिल गए हैं। पर इतना बोलना नहीं आता है, लेकिन मैं बहुत ख़ुश हो गयी थी। उनसे 2 बार मिली हूँ, 4 या 5 साल पहले। तो फिर लगा उन्हें थोड़ी ना कोई याद रहेगा। ख़ैर मैं एक जगह बैठी, और बाक़ी लोगों ने लिखा तो सबको सुनाया, मैंने भी सुना। थोड़ी देर में मैंने बाक़ी लोगों को देखा तो सब उनके पास में बातें कर रहे थे, मैं सुन रही थी, लेकिन मैं उनके पास में नहीं गयी। मुझे लगा कि फिर बोलना तो आएगा ही नहीं, इसलिए अब जाती हूँ।

फिर अगले दिन भी मैंने देखा कि इतने सारे लोग उनके पास में हैं। अच्छा है। मैं कहीं और बैठी हुई थी। एक बार मिले तो मैंने नमस्ते किया, और चली गयी।

फिर एक दिन और भी था। जब मैं पहले वहाँ पहुँच गयी थी। सब लोग बैठे थे। कुछ कुछ लोग आ रहे थे। मेरे एकदम पास में एक कुर्सी थी। तो मैं कहीं और देख रही थी, तभी मेरे एकदम ओस में विनोद जी आ कर बैठ गए। मैंने उन्हें नमस्ते की। वे मुझे और भी चीसें बताने लगे। मैंने कहा "जी", फिर से उन्होंने बताया तो मैंने कहा "जी", फिर से उन्होंने बताया, और मैंने कहा "जी" मैं बहुत हँसती ही रही और जी करती रही। फिर विनोद जी ने कहा कि

"तुम 2 दिन पहले आयी थी ना तो तुमने कैब पहना हुआ था। इस लिए रोज़ अलग अलग केप पहती हो, मुझे बहुत अच्छा लगता है। कितनी अच्छी बात है।"

मैं हँसी। विनोद जी को लगा कि चलो बच्ची ज़्यादा नहीं बोलती, अच्छी बात है। फिर पापा आए और उन्होंने मेरे बारे में विनोद जी को बताया। तब मैं वहाँ से चली गयी थी। बाद में वो मिले और कहा

"अच्छी बात है, एकदम से सही हो जाना और हमारे घर आना, तुम्हें बहुत अच्छा लगेगा। तुम केब में बहुत अच्छी लगती हो।"

मैं भी ख़ुश हो गयी और मैंने कहा "जी"

फिर शाम को मैं पापा और प्रमोद जी ट्रेन के पास में थे। मेरे और भी दोस्त आए थे। इतने अच्छा रहा फिर मैंने बाई बाई कहा और हम आ गए।

2 या 3 दिन मैंने कुछ भी नहीं किया। पता नहीं मेरा मन नहीं किया। फिर अनु ने एक बार फिर से काम शुरू किया। उसने कहा कि

"खाना कैसा है?"

मैंने कहा " खाना कैसा है?" फिर से मैंने कहा

"अगली बार मैं बोल सकती हूँ, पर जैसे ही कोई आता है तो मैं बिलकुल बोलती ही नहीं"

फिर उसने कहा

"कोई बात नहीं, तू धीरे धीरे बोलना। अब जैसे कि बोलना कि "खाना अच्छा है"

फिर से मैंने कहा

"नहीं कुछ और। जैसे कि मैंने वो कहानी पढ़ी"

"तो फिर तू सबको कहना कि मैंने अभी कहानी पढ़ी है?"

"मतलब मैं कहूँगी कि मैंने पहले पढ़ी थी"

"पर फिर तू कैसे सुनाएगी?"

"ठीक है कुछ और कहेंगे"

"पापा का नाम बताओ"

मैंने कहा "कमल, लेकिन बाक़ी लोगों का थोड़ा मुश्किल है"

उसने कहा "शाम को दिन बहुत सुंदर है!"

मैंने कहा "दिन अच्छा"

"अच्छा ठीक है, तूने एक कपड़ा पहना है, जो मैं लेकर आया था।"

"हाँ!"

"तो बोलो उसके बारे में"

"अच्छी बात है!"

"बताओ कि मैं तेरे लिए लेकर आया था।"

"हाँ, लेकर आया था"

उसने सोचा थोड़ी देर फिर उसने कहा

"अच्छा बात में करेंगे"

मैं और अनु कमरे के बाहर आ गए। पापा भी वहीं पर थे। तो अनु ने उनको बताया कि गुनगुन थोड़ा थोड़ा बोलती है। फिर मैंने उन्हें कहा कि नहीं मैं नहीं बोलती हूँ। और हाथ से तो बहुत मुश्किल है। पर अब जो भी है हम यूँ ही बैठे हुए थे। तब पापा को याद आया

"एक बार याद है हम सब कहाँ खाने गए थे। अनु और तेरे लिए कुछ लिया भी था।"

मुझे याद आया और अनु को भी। हम सब बहुत देर तक हँसते रहे।

तो हुआ ऐसा, कि लगभग 20 साल पहले, जब मैं 6 साल की थी, और

अनु 4 साल का था। तब पापा बहुत काम कर रहे थे। रोज़ बहुत देर से आते थे। फिर एक दिन वो आए तो मम्मी ने कहा कि एक जगह जाना ही है, वहाँ तो जाना ही है। हब सब तैयार हो गए। लेकिन मैं और अनु उतने तैयार नहि हुई, तो मैंने मम्मी को बूछा

"हम कुछ और नहीं पहन सकते क्या?"

तो मम्मी ने कहा

"पहले हम कपड़े लेने चलेंगे, तब तुम दोनों अच्छे हो जाना। फिर खाना खाने चलेंगे।"

फिर हम सब कपड़े लेकर, फिर खाना खाने गए। तब पापा के पास में स्कूटर था। उसी थोड़ी सी प्यारी बच्ची में हम सब 4 लोग आ जाते थे। हम वहाँ पहुँघे तब मम्मी ने कहा

"अच्छे लग रहे हो, तुम दोनों ने जो पहना था ना वो मैंने स्कूटर में रख दिया है। तुम दोनो अच्छे लग रहे हो!"

मम्मी ने और कुछ नहीं कहा पर उन्हें पता था कि हम लोग और लोगों को नहीं बताएँगे।

मैं और अनु बहुत बहुत ख़ुश हो चुके थे कि हमने अच्छे कपड़े पहने हैं। तो इस तरह जैसे ही हम पहुँचे और हमने एक एक करके एक एक करके सबको बताया कि हम अब अच्छे कपड़े पहन रहे हैं और पहले हुआ कपड़े हमारे स्कूटर में रखे हैं।

मम्मी एकदम चुप रही और पापा हँसते रहे। फिर खाना खाके हम घर आ रहे थे तब मम्मी और पापा चुप थे और अनु और मैं बहुत ख़ुश।

सुबह उठी तो आज मुझे फिर से डॉक्टर के यहाँ जाना है। कल वो एक बार फिर से ओपरेशन करेंगे। 4 महीने पहले मैं हॉस्पिटल से घर आ गयी, अब फिर से हम जा रहे हैं। 3 या 4 दिन वहीं पर रहूँगी। डॉक्टर मिले, उन्होंने मेरा सिर को और अच्छे से देखा और बोले

"सही है! कल ओपरेशन करते हैं। आप एक जगह रहिए, खाना खा लीजिए उसके बाद कल तक खाना नहीं हैं। कल सुबह कर देंगे"

मैं ख़ुश हो गयी कि बस एक और है, मतलब 5 वा और बस। मम्मी और पापा सोच रहे थे कि पता नहीं कैसा होगा। बहुत बड़ा भी होगा। मैं एकदम आराम से थी कि अब एकदम सही हो जाएगा।

थोड़े दिन पहले संजय आया था। 2 या 3 दिन घर पर ही रहा था। एक दिन हम बातें कर रहे थे, तो उसने बोला

"मुझे नहीं लग रहा कि फिर से ओपरेशन होगा। सही तो हो गया है, मुझे नहीं लगता कि फिर से कुछ करना होगा।"

मैंने कुछ नहीं कहा। फिर वो कुछ और बोलने लगा। लेकिन मुझे बहुत देर से लगा कि मुझे संजय को ही दिखाना होगा कि क्या होगा। मैं हमेशा एक cap पहनती हूँ। इसलिए किसी ने नहीं देखा कि मेरे सिर को क्या हुआ है। किसी ने सोचा ही नहीं कि क्या हुआ होगा। बस ये पता था कि क्यूँकि मेरे बाल नहीं है इसलिए मैं cap पहनती हूँ। लेकिन मुझे पता था कि अगर फिर से बाक़ी लोगों ने देखा तो उन्हें एकदम से अजीब सा

हो जाएगा कि गुनगुन के सिर में क्या हुआ है। इसलिए मैं हमेशा cap पहनती हूँ। तो मैंने cap हटाया और संजय को कहा कि

"ये देखो, और ये और ये"

संजय बहुत चुप रहा और फिर बोला

"हाँ ओपरेशन करना ही है"

मैं भी हंस रही थी। फिर रात को मैंने अपने आप को शीशे में देखा। cap के साथ मैं बहुत अजीब सी लग रही थी। राइट को देखूँ तो एकदम सही है, लेकिन लेफ़्ट को देखूँ तो सिर में बहुत सारी चीसें होती हैं, वे सब नहीं है। एक सिर का टकरा डॉक्टर ने समाल रखा था। इसलिए अब देखूँ तो अब बड़ा टुकड़ा अब है ही नहीं। इस लिए बाक़ी सब ने उसे नहीं देखा था। मैं रोज़ रात को देखती थी।

ख़ैर कल ओप्रशन होगा। वो जो टुकड़ा है जो डॉक्टर ने अच्छे से रखा है वो कल फिर से सिर में आ जाएगा। मुझे पता है कि थोड़ा ज़्यादा समझ आएगा क्यूँकि मैं बता रही हूँ। पर अब ऐसा है तो फिर से वही हो रहा था।

मुझे ओप्रेतीयों में लेकर गए। एक नेर्स थी उन्होंने मुझे बोला कुछ कुछ चीज़ें बता रही थी, मैं सुन रही थी। फिर मैंने कुछ भी नहीं कहा तो उन्होंने कहा

"कुछ बोलो तो सही"

तो मैंने कुछ कहा नहीं बस इतना कहा कि

"हाँ"

तो वो समझ गयी। फिर मुझे याद आया कि अनु को बुलाती हूँ। तो मैंने

उन्हें कहा तो उन्होंने बुलाया। लेकिन अब मेरे पास में नहीं आ सकते बस दूर रह सकते हैं। अनु और पापा आए थे। तो मैंने कहा

"चल फिर बाई बाई"

अनु को भी बहुत अच्छा लगा फिर चले गए दोनो। इतने में माँ इतना रोयी क्यूँकि उन्हें लगा कि पता नहीं गुनगुन को क्या हो रहा है, वो इन्हें क्यूँ बुला रही है। और मैं यूँ ही बुला रही थी। इतने में मैं सो चुकी थी। और ओपरेशन हो गया था।

मैं सो रही थी, एक जगह मेरा सिर बहुत देर से दुखा। बहुत बहुत देर से। इतने में पापा आए और उन्होंने कहा

"कैसी हो"

मैंने ज़ोर से कहा कि

"बहुत बहुत दर्द है, तुम यहाँ से जाओ"

पापा ने फिर से कहा

"क्या हुआ"

मैंने कहा

"जाओ जाओ"

पापा वहाँ से चले गए, फिर थोड़ी देर दर्द के बाद मैं फिर से सो गयी। अगले दिन मैं रूम में आयी। एकदम ख़ुश थी, मैंने सबको कहा

"ठीक हूँ"

सब ख़ुश हो गए। अनु मुंबई चला गया होगा। विशाल और सुशील जी आए। मेरे लिए एक चुन्नी लेकर आए। मुझे बहुत अच्छा लगा। वे दोनों कभी कभी आते हैं। फिर एक दिन मैं घर आ गयी। मैंने अपने सिर में एक बैंटेज किया हुआ था। अभी काफ़ी दिन यही पर रहेगा। इसलिए अभी मेरा सिर बहुत बहुत बड़ा सिर दिख रहा है, जबकि जब ये हट जाएगा तब सही हो जाएगा।

एक दिन पापा ने बताया कि मैं लेकर आ गया हूँ, मेरे सिर का ओकसेर लेकर आए थे। मैंने देखा तो मुझे काफ़ी देर से लगा कि अच्छा है पर ये क्या है? मेरे सिर में तो कुछ और किया है इन लोगों ने, मेरे सिर में तो कुछ और था जो इन्होंने हटाया जो अब बिलकुल सिर में कर दिया है, फिर ये क्या है? पापा ने बताया

"तेरे सिर का एक टुकड़ा इन्होंने 4 महीने से रखा हुआ था, लेकिन वो उतना सही नहीं होगा, हो सकता है सही होता या ये भी हो सकता है कि जल्दी से फिर से कुछ गड़बड़ हो जाता इसलिए उतनी ही जगह पे इन्होंने एक और चीज किया है। और पहले वाला जो तेरे सिर में था वो मेरे पास में हैं।"

फिर मैंने पापा को कहा कि वो लेकर आए। अह्हा! बहुत ही कमाल वाली चीज थी, जो मेरे सिर में थी। कमाल है! मैंने बहुत देर तक उसे देखा और फिर से सही हो गयी। फिर पापा ने कहा

"डॉक्टर कहते हैं कि अब जो तुम्हारे सिर में हैं वो काफ़ी सही है, हमेशा सही होगा।"

मैंने बहुत देर से मेरे सिर का पार्ट को देखा जो मेरे हाथ में था, और एक और पार्ट है जो अब सिर में काम करता है। मुझे एकदम से लगा कि 24 साल की मैं पद्मजा हूँ जिसके सिर में एक चीज़ थी जो अब नहीं है, 24 साल तक वो था तप मैंने उसे देखा ही नहीं होगा। अब देखती हूँ तो अच्छा लगता है या नहीं अच्छा नहीं लगता लेकिन कैसा लग रहा है इसे क्या कहते हैं, ये मुझे याद नहीं। ख़ैर मुझे अच्छा लगा। काफ़ी दिनो में काफ़ी लोग आए, मुझे मिलके, तो मैं उन्हें कहती कि तुम्हें एक और चीज दिखाती हूँ जो मेरे सिर में था। तो सबको एकदम से लगता कि नहीं नहीं मत दिखाओ। तो उस तरह मैंने एक दो लोगों को दिखाया और बाक़ी बहुत बहुत सारे लोगों को नहीं दिखाया। फिर मुझे लगा कि मैं उनकी जगह होती तो शायद थोड़ी देर कहती कि मुझे नहीं देखना, या शायद बाद में देख लेती। लेकिन फिर मुझे लगा कि जिसे नहीं देखना तो उसे नहीं दिखाना चाहिए।

अब मैं थोड़ा सा पढ़ रही हूँ

अब मेरे मन में था कि ये जो भी छोटा सा है,
पर मुझे अभी समझ नहीं आया कि ये कौनसा पक्षी है
या कहीं पर घर बनाता है,
या किसी बिल में छुप जाता है।

कुछ दिन यूँ ही चले गए। ख़ूब लोग आए, ख़ूब सारी बातें हुई, मैं थोड़ा और बोलने लगी। लेकिन मुझे लिखना नहीं आ रहा। अब इतने सारे लोग आए और मैं उन सबको बोलना चाहती हूँ कि मुझे नहीं आ रहा लिखना।

पापा ने शुरू किया अ फिर और बात में बताया। फिर च के बारे में बताया, फिर प के बारे में बताया। मुझे सब कुछ बेकार लग रहा है। लेकिन मुझे याद हैं कि अ आ इ ई उ ऊ ए ऐ। पर मैं कभी भी बोल सकती हूँ। मतलब पापा ने एक दिन कुछ कहा जैसे कि

"प ज र द ह इ आ"

मैंने कहा

"अ आ इ ई उ ऊ"

पापा ने कहा कि नहीं। तो मुझे याद था कि अ आ इ ई लेकिन इनको दिख के बोलों तो मुझे पता ही नहीं था कि अ क्या होता है और आ क्या होता है। पापा मुझे कहते कि अ तो मैं बोलती कि एक बार फिर से बताना। मुझे पता ही नहीं कि अ कौनसा होता है।

फिर जैसे जैसे मैंने अ सीखा तो पापा को बहुत अच्छा लगा। लेकिन एक दिन पापा ने अ प अपना हाथ रखा तो मैंने उसे कहा प जबकि वो था अ।

अगले दिन अनु ने शुरू किया। एकदम से उसने पूरा बोला, तो मैंने भी बोला। लेकिन मुझे तब कुछ भी नहीं आता था। फिर उसने जैसे न बोला तो मैंने भी बोला न लेकिन फिर बाद में उसने कहा ये क्या है? तो मैंने कुछ नहीं बोला। फिर उसने ख़ूब सारी आवाज़ें सुनाई, मुझे दिखायी, मुझे पता था कि शब्द हमारे साथ में आते हैं। और मैंने हमेशा गड़बड़ बोला। उसने इतनी सारी चीज़ें कहीं और मैंने सारी गड़बड़ बोली।

मुझे एकदम से लगा कि हम ये क्यूँ पढ़ रहे हैं। जैसे आ, या, प, या, क हम कुछ और नहीं पढ़ सकते क्या? जैसे इतनी सारी चीज़ें होती हैं, इतनी सारी चीज़ें जिन्हें हम कहते हैं। तो हम बस ये अक्षर क्यूँ पढ़ रहे हैं। अब जैसे मैंने तुम्हें कहा ह तो तुम क्या सोचोगे या कोई और कुछ और सोचेगा और आप कुछ और सोच लेंगे। तो हम बार बार अक्षर क्यूँ पढ़ रहे हैं। जैसे मैंने किसी को कहा म तो किसी और ने सुना मूँछ लेकिन मैंने तो उसे कहा था कि मन है ना कि मूँछ। क्यूँ हम सब ये पढ़ रहे हैं जिसमें समझ ही नहीं आता कि मैंने क्या कहा है? या जैसे मैं कहूँगी कि श तो बाक़ी लोग अलग अलग सोचेंगे। पता नहीं हम क्या सोच रहे हैं।

फिर एक दिन हम सब खाना खा कर शुरू हुए कि आज अक्षर देखने हैं, और उनका नाम बोलना है। पर आज हम सब शब्द बोलेंगे। पापा ने कुछ और लिखा चित्र जिसे मैंने कुछ और बोला। फिर उन्होंने एक और अक्षर दिखाया और बोले इसे स कहते हैं। मैंने तब बोला स लेकिन बाद में फिर से गड़बड़। ऐसे बहुत देर तक यही चलता रहा। फिर मैं एकदम से चुप हो गयी और फिर रोने लगी। मुझे एकदम से लगा कि हम सही

चीज़ कर रहे हैं। लेकिन ये तो बहुत मुश्किल है। और मुझमें इतनी सारी चीज़ें रुकी हुई थी कि मुझे बहुत रोना आया। पापा मेरे पास में बैठे, मम्मी भी आयी। वो दोनो मुझे चुप कर रहे थे और मैं रो रही थी। मुझे एकदम डर लग रहा था, कि पता नहीं मैं कैसे ये सब सीखूँगी। किसे बोलते हैं, किसे कहते हैं, मुझे तो अक्षर भी नहीं आते। मैं पहले कितना लिखती थी, कितने सारे लोगों को लिखती रहती थी। पत्र भेजती रहती थी। जो भी लगता था तो रोज़ अपने पास में पेन रखती थी। कभी भी लिख सकती हूँ। मुझे एकदम से इतना ज़्यादा अच्छा लगता था। और अब 8 महीने हो गए, लेकिन मैं अभी तक नहीं जानती कि कैसे लिखते हैं, किसे लिखते हैं। पहले जब मुझे लिखना आता था तब भी मैं कभी कभी लिखती थी, पर ये पता था कि कभी भी लिख सकती हूँ। लेकिन अब मैं जब भी सोचूँ कि हाँ अब लिखूँगी तो अब कुछ नहीं लिख सकती। मुझे बहुत रोना आ रहा था, लेकिन बहुत दुखी भी हो गयी थी मैं।

फिर यूँ ही दिन चल रहे थे। मेरे लिए बहुत अजीब से लेकिन चल रहे थे। फिर एक दिन मैं उठी तो मुझे एक दम से लगा कि अक्षर कितने कमाल वाली चीज़ हैं। जैसे कि मैंने एक शब्द में देखा कि लिखा है प। समझो कि मैंने जान लिया तो अब जब भी मैं कभी भी देखूँगी कि प तो वो एकदम सही प ही होगा। और जैसे मैंने एक और अक्षर देखा हा तो मैंने फिर से पढ़ा पहा और फिर से मैंने शब्द में देखा ड तो मतलब हम

एक बार में देख सकते हैं पहाड़। हाँ कितना सही होगा ना।

उस दिन मुझे बहुत अच्छा लगा। क्यूँकि जब मैं बहुत छोटी बच्ची थी तब मैंने देखा कि कैसे पढ़ते हैं, लिखते कैसे हैं, ये सब देखा। वो भी अच्छा था जैसे बाक़ी सबके लिए होता है। लेकिन अब मैं नहीं जानती कि ये क्या है, इसके लिए मैंने कुछ और चीज़ें सीखी। जैसे कि जब मैं छोटी सी थी या जब थोड़ी और बड़ी भी हो गयी तब भी मुझे नहीं पता था कि शब्द को हम कैसे सीख लेते हैं। मुझे अभी तक नहीं पता था। लेकिन अब इस बार मुझे ये समझ आ गया। पहले मैं शब्द और अलग चीजों को अलग अलग देख सकती थी, लेकिन अब कुछ और हुआ है। हाँ ये बात भी हो सकती है कि कुछ और चीज़ें जो मुझे नहीं आतीं तो उसे मैं शायद अभी भी नहीं जानती जैसे ह बोलते हैं लेकिन हम ह को म में कहते हैं। ये मुझे नहीं पता है पर ये हो सकता है कि तीसरी बार में फिर से समझ जाऊँगी। लेकिन तब तक 2 बार लिखना आ गया तो मुझे बहुत मज़ा आया।

अब दिन चलते जाते हैं, और मैं बहुत धीमे धीमे सीख रही हूँ। तो एक दिन मैं और अनु जवाहर कला केंद्र आ गए। ख़ूब दोस्त मिले, काफ़ी सारे लोग मिले जो मुझे मिलने हॉस्पिटल आए थे। उन सबके लिए शुक्रिया है। फिर सबसे मिलने के बात मैं, प्रियल और अंजलि बैठे हुए थे। अपने बारे में बता रहे थे, मैं भी कुछ कुछ बोलने के लिए बता रही

थी। मैंने कुछ बताया तो अंजलि ने कहा कि तुमने बहुत अच्छे से बताया लेकिन हम कुछ और सोच रहे हैं। फिर हम बहुत देर तक हँसे। फिर मैंने कहा कि यार लिखना नहीं आता। लेकिन आ ही नहीं रहा। तो प्रियल ने कहा कि मैंने शायद बहुत दिनो बाद कुछ भी नहीं लिखा। कभी भी कुछ भी लिखना ही नहीं है। आराम से रहो, ख़ूमों, दोस्तों से मिलो, मैंने तो कुछ भी नहीं लिखा। मैं और अंजलि बहुत हँसे, लेकिन मुझे एकदम से लगा कि मैंने तो कुछ लिखा ही नहीं और मैं लिख ही नहीं पा रही। तब अंजलि और प्रियल ने कहा कि हाँ बात सही है। तब प्रियल ने कहा कि तब तक कुछ और करो। मुझे नहीं पता लेकिन कुछ और करो। तो तुम्हें अच्छा लगेगा। अंजलि ने भी कहा कि हाँ कुछ भी अच्छा वाला कुछ कर सकती हो।

अगले दिन मैंने सोचा कि मैं चित्र बना सकती हूँ। फिर मैंने फिर से सोचा कि शायद 15 साल पहले कुछ चीज़ें कर सकती थी, लेकिन तब से नहीं किया। लेकिन मुझे एकदम से लगा कि मुझे चित्र बनाना है। क्यूँकि आपकी टीचर तो है ही नहीं जो कहे कि हाँ चित्र बनाओ। अब तो ख़ुद को चित्र बनाना है। किसी को दिखाना ही नहीं, बस यूँ ही बनाना है। फिर उस दिन से मैंने ख़ूब चित्र बनाए।

कुछ कुछ ही सही लेकिन मैंने चित्र बनाए। पापा कुछ सुनाए वाले थे लेकिन मैंने चित्र बनाने ही वाली थी तो मैंने कहा

"चित्र बना रही हूँ, तुम बाद में सुनना"

पापा ने फिर देखा तो उन्हें बहुत अच्छा लगा। मुझे बहुत अच्छा लगता था चित्र बनाना। एक दिन तो मुझे एकदम से लगा कि यार चित्र इतना सुंदर है तो बाक़ी की चीज़ें मुझे पढ़ना है, तो अब क्या करूँ। पहले चित्र फिर मैंने पढ़ना शुरू किया।

मुझे कुछ अक्षर आ गए थे। जैसे कि आ, प, ग, च मतलब काफ़ी सारे आ गए। लेकिन कुछ कुछ नहीं आए। फिर पापा ने एक दिन कहा कि

"ऐसा करेंगे, कि मैंने एक शब्द कहा तो तुम्हें उसके बारे में कुछ कहना है। मैं पढ़ूँगा, लेकिन वो जो तूने कहा था"

मुझे लगा बहुत मुश्किल है, पर हम करने लगे।

तो पापा ने कहा

"सेब"

मैंने कुछ नहीं कहा, तो फिर से मैंने सोचा क्या कहूँ। सेब सेब सेब, क्या होगा। तो मैंने कहा

"सेब खाओ"

पापा ख़ुश हो गए बोले हाँ बिलकुल! क्यूँकि हम इतना ही बोलते हैं! फिर उन्होंने कहा "ख़रगोश"

फिर मैंने फिर से सोचा कि ख़रगोश क्या होता है। फिर मैंने सोचा कि एक जो बहुत बड़ा वाला होता है। या नहीं शायद छोटा सा होता है। लेकिन मुझे ये नहीं पता कि कौनसा ख़रगोश होता है। मुझे एकदम से समझ नहीं आया। पर कुछ तो कहते हैं। इसलिए मैंने कहा

"ख़रगोश बहुत ही प्यारे होते हैं।"

अब मेरे मन में था कि ये जो भी छोटा सा है, पर मुझे अभी समझ नहीं आया कि ये कौनसा पक्षी है या कहीं पर घर बनाता है, या किसी बिल में छुप जाता है। ये सब मुझे नहीं पता था। मैं बस ये देख रही थी कि पापा को कैसा लगा। तो वो बोले!

"वाह बिलकुल! सही है!"

फिर मैंने सोचा कि जब भी मैं समझ जाऊँगी कि ख़रगोश है तो मुझे वो बहुत प्यार लगेगा। फिर पापा ने कहा

"मेंठक"

फिर से मैंने सोचा कि मेटक कौन होता है। आकाश में उड़ता है क्या, फिर मुझे लगा नहीं, ये शायद ज़मीन में ही होता है। फिर मुझे काफ़ी दिनों के बाद मुझे समझ आ गया कि मेंडक कौनसा होता है। फिर मैंने सोचा कि अब क्या कहूँ फिर से पापा ने कहा

"कुछ भी कहो, कि वो क्या करता है, क्या खाता है?"

फिर मैंने कहा कि

"मेंडक चलता हुआ अच्छा लगता है"

शायद। तो पापा ने कहा

"हाँ सही है! वो बहुत अच्छा लगता है!"

फिर पापा ने कहा "लड़की"

तो मैंने फिर से सोचा कि लड़की तो मैं ही हूँ! तो मैंने उनसे इशारे में कहा कि मैं हूँ ना! वो बोले हाँ! तो मैंने कहा

"लड़की बहुत प्यारी है"

पापा ख़ुश हो गए और बोले हाँ बिलकुल! लड़की बहुत प्यारी है!

मैंने कहा कि

"अब कल।"

मैं अपने रूम में आ गयी। फिर से मैंने कहा लड़की बहुत प्यारी है, लड़की बहुत प्यारी है। फिर से मैंने कहा कि लड़का भी कितना प्यारा है। मतलब इतने सारे लड़कों को तो मैं नहीं जानती, कुछ कुछ को जानती हूँ, तो उन में से कोई ना कोई तो प्यारा होगा। लेकिन पापा ने कहा लड़की, तो मैंने कहा लड़की प्यारी है, मतलब कोई ना कोई प्यारी है, ऐसा तो बहुत ग़ुस्सा नहीं करती, दुखी नहीं होती, या शायद अच्छे से दुखी होती है, लेकिन ये भी तो सकता है कि जो लड़की है जो मेरी बहुत प्यारी दोस्त है जो बहुत ग़ुस्सा वाली है, लेकिन हम सब कहते हैं कि वो लड़की है जो बहुत प्यारी है। पर कभी ना कभी तो वो सब प्यारी हो ही जाती हैं, इसलिए मैंने कहा प्यारी हैं।

फ़ोन में बात कर रही थी तो उन्होंने सुनाया जिसका नाम है केले।

“गली गली में ठेले

केले ले लो केले

पैसे हैं न धेले

कैसे ले लूँ केले

अनवारे इस्लाम जी ने लिखा है”

मुझे बहुत अच्छा लगा, तो उसने फिर से सुनाया। फिर से सुनाया। तो अब जैसे वो बोलेगा मैं भी बोलने लगी। वो फिर से पहला शब्द सुनता फिर से मैं बोलती केले। फिर से वो एक और सुनता फिर से कहती केले! मुझे शब्द आ गया समझ में, लेकिन बोलना नहीं आता था। तो मैं उसके साथ में गाती थी। और बस फिर फिर से बोलती केले। तो अब हम जब भी वो बोलता है तो मैं बाक़ी वाली चीज़ें बोलती हूँ जो की है केले। मुझे केला समझ आ गया।

जैसे कि मुझे माँ को कहना है कि केला दे दे। पर मुझे याद नहीं आता लेकिन फिर मैं मन में सोचती कि

गली गली में ठेले

केले! फिर मैं इतना मन में सोचती और फिर माँ को कहती केले देदो। तो केला मुझे समझ आ गया। बाक़ी की चीज़ें भी जल्दी से आ जाएँगी।

फिर पापा ने एक बहुत छोटी सी कहानी सुनने लगे। बहुत बहुत ही छोटी सी थी। मुझे अच्छा लगा। उसमें ख़ूब सारे चित्र थे। इतने नहीं थे पर थे। पापा सुनाते फिर बोलते

"अब तुम सुनाओ"

मैं कुछ यूँ ही सुनती, तो वो बोलते

"जैसा लिखा है वैसा ही सुनाओ"

तो फिर से मैंने सबसे पहले एक छोटा वाला सुनाया।

एक नाम लिखा है जिसमें मैंने पहला वाला जानलिया। जिसमें हम कहते हैं प। तो मैंने फिर से कहा "पेपर" पापा ख़ुश हुए। फिर आगे से लिखा था पापा का पेपर। फिर फिर से पापा का पेपर। फिर मैंने आगे नहीं सुनाया। फिर पापा ने सुनाया।

तो अब मैंने फिर से सीखना शुरू किया। जैसे कि मैं क ख ग जानती थी, च झ ज जानती थी, तो मैं कई बार पड़ती थी। जैसे कि मैं पहली बार पढ़ा

"सबन"

पापा ने कहा

"तुमने सही कहा, पर थोड़ा और पढ़ो, ध्यान से"

"साबुन! माँ बोली साबुन से हाथ दो। पैर धो, मुँह धो, धो लिए। ज़रा खेलने ग आऽऽ"

पापा ने कहा

“खेलने गया, तो”

“तो माँ बोली”

पापा ने फिर कहा

“हाथ धो”

फिर से मैंने कुछ नहीं कहा तो पापा ने कहा

“पैर धो, मुँह धो, किस काम का यह साबुन?”

मैंने एक और शब्द था। मैंने बहुत देर तक देखा, फिर कुछ और सोचा, नहीं ये वो नहीं है, ये तो शायद वो है तो मैंने कहा

“हट” और पापा की तरह देखा तो उन्होंने कहा “हट”!

तो अब मैं थोड़ा सा पढ़ रही हूँ, बहुत देर से थोड़ा सा पढ़ती हूँ, लेकिन पहले से ज़्यादा अच्छा पढ़ने लगी हूँ। अपने दोस्तों से मिलने उनके घर जाने लगी, वो बहुत आते थे, इसलिए मैं भी जाने लगी। बीच बीच में सपने में कुछ देखती तो वो अपने घर में कुछ लोगों को सुनाने लगी, और कोई गाना गाता तो मुझे वो याद था तो मैंने इतना बोलती कि नहीं ऐसे नहीं है वैसे है, बोलना नहीं आता लेकिन उसका म्यूज़िक मुझे समझ आ गया था, इसलिए बाक़ी लोग गाते तो मुझे लगता कि मैं भी गा रही हूँ। इसलिए जब भी कोई गाता तो मुझे लगता कि एक दिन मैं फिर से गाऊँगी। अपने घर के बाहर ख़ूब चिड़ियाँ हैं। तो मैंने एक दिन चित्र बनाया। लेकिन मैंने उन्हें कभी देखा ही नहीं। वो एकदम मेरे पास में हैं लेकिन दिख नहीं रही, इसलिए वो बहुत प्यारी चिड़ियाँ हैं जो कभी भी

उठ के नहीं जाती, हमेशा मेरे पास में रहती हैं। तो मैंने उनका चित्र नहीं बनाया मैंने बस सुना, जैसे मैं हमेशा सुनती हूँ। थोड़े दिन पहले घर से बाहर जाने में इतनी सारी चीसें हैं जिसमें कुछ ना कुछ लिखा है। पर हम सब जल्दी से जा रहे हैं, तो मैं बहुत धीमे से पढ़ लेती हूँ। तो मैं पहले सबको पढ़ती लेकिन समझ नहीं आता कि क्या लिखा है। जैसे मैंने कहा गा पर आगे का कुछ समझ नहीं आता क्यूँकि हम कहीं और पहुँच गए हैं। या जैसे जा समझ आता फिर ता समझ आता। लेकिन अब थोड़ा समझ आ गया है, कुछ कुछ लोगों का मैं अच्छे से पढ़ लेती हूँ। कुछ बहुत देर तक चलता है तो हम फिर से कहीं और चले जाते हैं, तो मुझे वो समझ नहीं आता। लेकिन कुछ कुछ पढ़ने लगी।

अब मैंने सबसे पहले जो हम छोटी कहानी पढ़ रहे थे उन्मे से एक को निकाल रही और फिर पापा को सुनाया।

"बस। लाल बस आयी/लोग चढ़ गए/मैं भी बैठूँगी/बिल्ली भी बैठेगी/नहीं, बिल्ली नहीं/बस चल दी/मैं रह गयी/अरे!बिल्ली बस में गई।"

पापा बहुत बहुत ख़ुश हुए! बोले वाह! मज़ा आ गया। लेकिन उस दिन मैंने सारी कहानी थोड़ा थोड़ा देखा, तो मुझे उतनी नहीं अच्छी लग रही लेकिन ये थोड़ा सा ठीक है, इसलिए मैंने ये सुनायी। बहुत बार पढ़ा तब ये सुनाई। क्यूँकि कभी जब मैं पढ़ती हूँ तो मुझे समझ आता है कि ये सही है या ये सही नहीं हैं, लेकिन मुझे मन में नहीं आता कि मैंने क्या अभी लिखा है। मतलब दो कविता पढ़ रही हूँ पहले एक फिर दूसरी, लेकिन दूसरे में पढ़ने में मैं पहला जो पढ़ा था वो मैं याद ही नहीं करती थी। क्यूँकि वो मुझे याद ही नहीं आता था।

फिर मैंने बहुत दिनो तक पढ़ा, फिर फिर से मुझे पहले वाला याद ही नहीं आता था। तो मैंने पापा को कहा कि वो पढ़ेंगे। तब मुझे समझ में आता कि अब पापा ने क्या पढ़ा है जो मैंने नहीं पढ़ा था। मैंने जो पढ़ा था वो समझ में ही नहीं आता था। बहुत धीमे धीमे से पढ़ती थी। तो मैंने बहुत दिनों तक यही किया कि मैं थोड़ा थोड़ा बहुत धीमे धीमे पढ़ती, लेकिन इतने दिन हो गए तो मैं बहुत दुखी सी भी हो रही थी। तब मैंने पापा को कहा कि कुछ और करते हैं। पापा ने कहा कि तुम बैठो, मैं एक शब्द कहूँगा, और तुम उसके बारे में जो भी तुम्हें लगे वो कहना। तो मुझे लगा अच्छा वही क्या। ठीक है!

पापा ने कहा

"बेलन"

तो मैंने कहा

"बेलन साथ में चकला।

फिर पापा ने कहा

"इमली"

तो मैंने कहा

"इमली बहुत खट्टी होती है" फिर मैंने फिर से याद किया कि इमली बहुत अच्छे से खाते हैं जो खट्टी नहीं भी होती है, लेकिन फिर से मैंने

कहा खट्टी है। तो वो पापा ने शुरुआत में लिख दिया।

"ऊँट"

"ऊँट बहुत देर तक भाग सकता है" पापा ने लिख दिया। पर मुझे उतना अच्छा नहीं लगा था। तो मैंने बस यूँ ही कहा। तो पापा ने कहा कि

"तुमने ऊँट देखा है क्या?"

मैंने कहा कि हाँ मैंने देखा है, लेकिन ज़्यादा तो वो बैठा हुआ है। या थोड़ा सा चलता है, फिर दोबारा बैठ जाता है। तो पापा ने कहा

"तो हम ऊँट में क्या लिखेंगे"

"अब मैंने तो ऊँट को ज़्यादा नहीं देखा कि बहुत चलने लगा है। पर इतने सारे फ़ोटोज़ में मैंने देखा है कि ऊँट चल रहा है। फ़ोटो में मैंने कभी देखा ही नहीं कि वो बैठा होगा।"

हाँ ऊँट बैठा है लिख दो, पर बैठते तो सभी है, तो चलो ये लिख दो कि ऊँट भाग सकता है लेकिन फिर बैठ जाता है। ऐसा मैंने मन में सोचा। फिर पापा ने कहा

"उल्लु"

"उल्लू दिन में कम और रात में ज़्यादा देखते हैं"

फिर पापा ने ये लिखा और मेरी तरफ़ देखा, तो मैंने कहा कि हाँ मैंने उसे दिन और रात दोनो में देखा है। फिर उन्होंने कहा आम।

"आम जब नहीं है तो सोचते है कि कब आएगा आम।"

फिर उन्होंने कहा "बस"

"बस हमारी तरह सही रास्ते पर चलती है।"

फिर एक और शब्द था तो मैंने कहा

"माचिस बच्चों ने, मज़े-मज़े में खा ली"

पापा ने कहा कि "तुमने ये देखा है?"

"हाँ तब हमारा एक दोस्त था तो उसने कई बार माचिस खायी है"

पापा चुप थे तो फिर से मैंने कहा कि

"मैंने बस एक दिन खायी लेकिन मुझे उतना अच्छा नहीं लगा तो फिर रख दी। पर फिर उसने ख़ूब खायी।"

फिर उन्होंने कहा तो मैंने कहा "चूहा हमेशा बिल्ली को डराता रहता है"

पापा ने कहा

"आरी"

फिर मैंने बहुत देर तक सोचा, कि आरी क्या होता है? लेकिन मुझे एकदम से समझ आ गया। लेकिन अब मैं क्या कहूँ कि उसने किसी को काट दिया है, या किसी को मार दिया है? लेकिन एक मिसिट मैं कुछ और सोच रही थी। आरी क्या होता है?लेकिन मुझे कुछ तो कहना था तो मैंने कहा

"आरी ज़्यादा काम में नहीं आती"

पापा ने कहा

"हाँ बिलकुल! ये ज़्यादा काम नहीं करती, या ये भी हो सकता है कि

ये बहुत काम करती भी है।"

फिर मैंने एक और चीज़ देखी तो मैंने कहा

"मटके में बूँद होती है"

पापा ने लिखा और बोले "किसने ये लिखा है?"

"हो सकता है किसी ने बोला होगा या किसी ने नहीं बोला होगा, लेकिन मैंने अभी बोला है क्यूँकि ऐसा ही होता है ना!" फिर हम मुस्कुराते रहे!

फिर पापा ने कहा "पेड़"

"अगर उसके बिना कुछ होगा, तो होगा पेड़" फिर से मैंने कहा

"मेरे एक दोस्त ने ये कहा है। मतलब मैं बता रही हूँ।"

पापा ने कहा कब कहा था?

"मतलब मैंने अभी जो कहा है वो अभी हम कह रहे हैं कि उसने कहा है। लेकिन उसने नहीं कहा, लेकिन हम कह रहे हैं कि उसने कहा है!"

पापा को एकदम से लगा कि गुनगुन ने फिर से बोलना शुरू कर दिया है! मतलब ऐसा मुझे लगा!

फिर पापा ने कहा

"तराज़ू"

तो मैंने पापा को कहा कि "अब बस कल करेंगे!"

"हाँ बस ये और हैं, फिर कल करेंगे!"

मुझे समझ आ गया लेकिन फिर लगा कि मैं क्या कहूँगी। कूच और चीसें

मैंने उसमें किया था या शायद बहुत पहले किया था। अब क्या होगा। मैं सोचती ही रही तो मैंने कहा

"तराज़ू ऊपर नीचे होता रहता है!"

पापा ने ये लिखा और बोले

"बहुत सुंदर तुमने लिखा है अभी!"

मैं भी ख़ुश हो गयी कि हाँ इतना सा तो है कि ऊपर नीचे होता रहता है! इतनी सी तो बात है! लेकिन चलो आज का काम खतम।

थोड़े दिन पहले अनी और मेहा भी आए। वो दोनो प्रमोद जी के साथ में आ गए। दो दिन यही पर रहेंगे। हम यूँ ही घूम रहे थे, या कुछ खा रहे थे, या यूँ ही बैठे हुए थे तो पापा ने उन दोनो को कहा कि गुनगुन ने कुछ कहा है तो तुम्हें उनके लिए चित्र बनाने हैं। वो दोनो ख़ुश हो गए! उन दोनों ने चित्र बनाए और मैंने उनके साथ में वो लिखा जो मैंने पापा को सुनाया था और पापा ने लिखा था। अब मैंने अपने लिखे को अपने हाथ से लिखा। और चित्र उन दोनो ने इतने सुंदर चित्र बनाए तो एकदम से मज़ा आ गया।

तो अब कुछ दिनो बाद पापा ने कहा कि

"मैं एक कहानी सुनाऊँगा और तुम उसके बारे में लिखना।"

उन्होंने मुझे एक कहानी सुनाई, फिर से मैंने कहा कि

"अब कल करेंगे, आज थक गयी।"

अगले दिन अनु ने सुनाया, तो मैंने कहा

"हाँ अच्छा लगा, अब बात में करेंगे।"

कुछ मेरे दोस्त आ गए तो किसी ने फिर से कुछ और सुनाया, तो मैंने कहा

"वाह, सुंदर है। कभी और करेंगे!

अब बस बात इतनी थी कि मुझे कहना तो काफ़ी सारा आ गया लेकिन लिखने में कैसे करते हैं वो मुझे थोड़ा आता लेकिन ज़्यादा तर बाक़ी सब समझ ही नहीं आता था। तो फिर से पापा ने सुनाया और मुझे कहा कि

"तुमने जो भी सुना है, या तुम्हें जो भी अच्छा लगता है, वो लिखो"

मैंने सुना और फिर लिखने के लिए मैं गयी। पापा मुझे देखने लगे। तो मैंने सबसे पहले लिखा कि एक लड़का था। फिर दूसरा वो जाता था। तीसरा कि पेननन्नन फिर मुझे उतना समझ नहीं आया। मतलब समझ आ गया लेकिन लिखने में नहीं आया। तो पापा ने कहा कि लिखो उसको पेन फिर से मिल जाता है। मैंने लिखा।

फिर अगले दिन फिर से पापा ने एक कहानी सुनायी और फिर बोले हाँ आओ, लिखो!

मैंने फिर से कुछ लिखा लेकिन फिर से मैंने सोचा अब क्या लिखूँ। इतने में पापा का फ़ोन आ गया। तो वो किसी से बात करें चले गए।

मुझे एकदम से लगा कि अब कल का जो लिखा था वो देखती हूँ और

देख देख के लिखती हूँ। मैंने बहुत जल्दी से लेकिन पेकार वाला लेकिन फिर से पूरा लिखा। पापा आ गए और बोले

"अरे वाह! बहुत बढ़िया। ये सब लिख लिया। बहुत बढ़िया। अब सुनाओ"

मैंने शुरुआत में थोड़ा सा सुनाया और मैंने कहा

"अब तुम सुनाओ, मैं थक गयी"

"कोई बात नहीं थोड़ा सा ही तो सुनना है। सुनाओ"

"पर मैं आज बहुत थक गयी हूँ, तुम सुनाओ"

"मैं तो सुनाऊँगा ही, पहले तुम सुनाओ फिर मैं भी उसे सुनाऊँगा"

"हाँ पर"

पापा ने कुछ नहीं कहा तो मैंने कहा

"वो कल जो लिखा था वो देखकर आज फिर से लिख दिया"

पापा बहुत हँसे फिर हमने फिर से लिखा।

ख़ैर, इस तरह बहुत सारी चीज़ें हुई लेकिन फिर से मैं बीच बीच में पढ़ने लगी, सीखने लगी, कहने लगी। पापा कहीं चले जाते तो मैं फिर से कविताएँ पढ़ती। बहुत धीमे धीमे पढ़ती क्यूँकि मुझे लगा कि मैं बहुत

पहले पढ़ती थी, बहुत जल्दी जल्दी पढ़ चुकी होती थी। तब तक मुझे पता ही नहीं था कि धीरे किसे कहते है। अब जब मैं धीरे धीरे पढ़ रही हूँ तो मुझे लगता है कि हाँ कभी बहुत पहले जल्दी जल्दी पढ़ती थी लेकिन अब सही है अब धीमे धीमे पढ़ती हूँ तो बहुत देर तक पढ़ती हूँ तो बहुत अच्छा लगता है।

दवा कम हो गयी है, रोज़ दो लेनी हैं, बस

कभी मैं भी और लोगों के लिए दुआ करती हूँ।
फूलों से कहती हूँ, पानी से कहती हूँ,
या पेड़ों को कहती हूँ।
बहुत सारी चीजें हैं जिन्हें मैं दुआ भेजती हूँ

एक दिन मैं उठी तो मुझे एकदम से लगा कि मुझे अपने दोस्तों को पत्र भेजने हैं। मैं पहले सब को पत्र भेजती थी, मुझे एकदम से बहुत अच्छा लगता था। तो फिर से मैं पढ़ने लगी हूँ तो मुझे लगा फिर से पत्र भेजती हूँ। पहले मैं बहुत जल्दी से लिखती रहती थी, पता नहीं अब ऐसा लग रहा है, अब मैं बहुत धीमे से लिखती हूँ, तो मुझे लगा कि एक दोस्त को लिखने में पूरे दिन थोड़ा थोड़ा लिखती हूँ, तो शाम तक पूरा हो जाता है। तो मैंने ख़ूब साए दोस्तों को पत्र भेजा। कभी किसी को कभी किसी को। वो लोग एकदम से फ़ोन करते और इतने ख़ुश होते जैसे झूम रहे हैं। एक दोस्त है उसने तो मुझे कहा कि उसे 20 साल पहले तक किसी ने पत्र नहीं भेजा। तुमने भेजा तो एकदम से बहुत ही कमाल हो गया है। और भी इतने सारे दोस्त ख़ुश हो गए कि मैंने लिखा है, बहुत धीमे धीमे लिखा है, लेकिन लिखा है। थोड़ा सा समझ भी नहीं आता, लेकिन फिर से वो देखते तो समझ आते कि अच्छा हाँ पद्मजा ने ये लिखा है। सबको बहुत दिनो से लग रहा था कि शायद पद्मजा कैसे लिखेगी? लेकिन फिर जब पहली बार मैंने पत्र भेजा तो मुझे एकदम से लगा कि शायद उसे समझ नहीं आएगा। फिर जैसे ही सबको इतना अच्छा लगा कि मुझे एकदम

से लगा कि मैंने लिखा है तो उन्होंने देखा होगा, पढ़ा होगा, एकदम से मुझे लगा कि मैं थोड़ी वही हूँ जो उन्हें पत्र भेजती थी, थोड़ी वैसी ही हूँ।

अब इस बार मुझे दिल्ली जाना था। मैं कई बार जाती हूँ लेकिन इस बार जाना था। कुछ कविताएँ, कहानियाँ मुझे लेनी थी, जो अपने लिए लेनी थी। वहाँ इतने सारे दोस्त हैं, वे सब वहीं पर मिलते हैं, तो मैं भी रोज़ वहीं पर जाती, लोगों से मिलती, कहानी देखती और ले लेती कि ये मैं आगे पढ़ूँगी। तो मैं यूँ ही वहीं पर इतने सारे दोस्तों के साथ में थी। एक दिन मैं आयी तो मैंने हमज़ा को देखा। आह! मैं इतनी ख़ुश हो गयी क्यूँकि मैं उसके बारे में जानती थी। एकदम से गयी और उसे गले से लगा लिया। उसने मुझे देखा और वो भी गले लग गया। वो शायद 12 साल का बहुत सुंदर बच्चा है। फिर हम वही पर बैठे। मैंने देखा कि यहाँ तो बहुत लोग हैं, कभी आ रहे हैं, या जा रहे हैं। तो मैंने हमज़ा को कहा कि

"हम तुम्हारे लिए कुछ और लेने चलते हैं।"

तो उसने कहा कि

"नहीं यही पर रहते हैं।"

"सच में बताओ, चले क्या।"

तो वो ख़ुश हो गया। हम बाक़ी लोगों को कहकर कविताएँ देखने चले गए। मैंने देखा तो एकदम से लगा वाह! ये हैं जो मैंने इतनी बार पढ़ी हैं। जब मैं बच्ची थी, और जब बड़ी हो गयी तब भी इतनी अच्छी हैं कविताएँ, कहानियाँ जो मुझे बहुत अच्छी लगती हैं। मैंने और हमज़ा ने देखा। तो मैं उसे कह रही थी कि

"आह, ये बहुत अच्छा है, और ये वाला और भी अच्छा है।"

तो उसने कहा

"आपको कैसे पता?"

"क्यूँकि मैंने पढ़ा है, इतनी सुंदर हैं और मुझे ऐसा लगता है कि तुम्हें बहुत अच्छा लगेगा।"

उसने वो सारी चीज़ें नहीं पढ़ी थी, तो मैंने बताया कि कुछ कुछ बहुत अच्छी हैं। तो फिर हमने कुछ कहानियाँ ले ली। फिर आराम से हम दोस्तों के यहाँ आ गए। तो हमज़ा ने कहा

"चलो कुछ पढ़ते हैं"

मैं भी ख़ुश हो गयी! तो मैंने उसे एक और कहानी दी। तो उसने कहा

"आप पढ़िए ना"

"पहले तुम पढ़ो"

उसने सुनाया, हम बहुत हँसे भी! फिर उसने कहा

"बस अब आप पढ़िए"

मैंने एक बार सोचा कि मैं पढ़ूँ क्या? एक बच्चे के सामने तो मैं एकदम से डर गयी। क्यूँकि इसे तो पता ही नहीं कि मुझे लिखना या पढ़ना नहीं आएगा। फिर लगा थोड़ा सा तो मैं अब समझ सकती हूँ। बहुत धीमे से पढ़ती हूँ, तो लगता है कि मैं पढ़ पाऊँगी। फिर मुझे लगा क्या डरना, चलो सुनाती हूँ।

"एक बार दो बच्चे थे। उन्होंने देखा कि आऽऽऽऽऽ"

फिर से मैंने कहा

"एक बार दो बच्चे थे। उन्होंने देखा कि आऽऽऽ"

इतने में हमज़ा ने कहा

"उन्होंने देखा कि वो आदमी आ रहा था"

आह मैं एकदम ख़ुश हो गयी। मुझे एकदम से लगा कि एक लड़का है जिसने मुझे कहा कि "ये नहीं लिखा है, जबकि ये लिखा है।"

इतना सुंदर मुझे पहले कभी कुछ नहीं लगा है। उस दिन मैं इतनी ख़ुश हो गयी कि फिर से कविता पढ़ सकती हूँ, थोड़ा सा ही लेकिन थोड़े दिनो बाद और भी पढ़ सकती हूँ, बाक़ी लोगों को सुना भी सकती हूँ।

फिर थोड़े दिनों बात मैं जयपुर आ गयी। मैंने सब को याद किया, हमज़ा को बहुत बहुत याद किया। घर पे सबको बताया कि मैंने कितनी सारी कहानियाँ, कविताएँ, इतनी सारी चीज़ें ली हैं। सब कुछ हो गए, मैं भी। कुछ दिनों बात पापा ने कहा

"ताबीना की मम्मी आयी थी, जब तुम हॉस्पिटल में थी। तुम्हें याद है।"

मुझे पता है, इसलिए मैंने कहा कि हाँ जानती हूँ। तो पापा ने कहा

"उन्होंने मुझे कुछ कहा था, चलो तुम्हें वो बताते हैं"

ताबीना आयी थी, उसके साथ में माँ भी आयी थी। वो आयी मेरे हाथ पे हाथ लिया, फिर दोनों ने ख़ूब बातें बताई। मुझे इतना नहीं याद , पर उन्होंने बताया था। मैं बस औप्रशन के बाहर ही आयी थी। इसलिए मुझे उतना समझ नहीं आया। लेकिन मुझे बहुत प्यार उनसे मिला। इसलिए मुझे बहुत अच्छा लगा कि वो दोनों वहीं पर रुके। फिर वो दोनों वहाँ से चली गयी। मुझे ये पता था कि उन्होंने पापा से कुछ बात किया था, पर

मुझे बिलकुल याद नहीं। मैं फिर से सो रही थी। तो अब पापा ने बताया कि क्या बात हुई।

"देखो इसे भगवान ने इसे वही काम छिन लिया जो ये सबसे ज़्यादा करती थी। ख़ूब पढ़ती थी, बहुत लिखती थी, बच्चों के लिए लिखती थी तो ज़रूर कोई अल्लाह को देन रह गयी है इसलिए हमको ज़कात देनी चाहिए।"

तो ये सब कुछ सुन रहे थे इतने में ताबीना ने कहा

"नहीं अंकल कुछ नहीं करते हैं"

तो इतने में पापा ने कहा

"अब अगर आपको विश्वास है तो मैं आपके साथ चलूँगा।"

लेकिन पापा ने हॉस्पिटल में बहुत काम करने लगे तो इतने में अम्मी गयी और मेरे लिए दुआ किया और ज़कात दिया।

पापा ने बताया। मुझे एकदम से लगा कि उन्होंने भी मेरे लिए दुआ किया था। और भी इतने सारे लोग हैं जिन्होंने दुआ को कहा कि मैं सही हो जाऊँगी। तो इसलिए भी मैं सही हो गयी। कभी मैं भी और लोगों के लिए दुआ करती हूँ। फूलो से कहती हूँ, पानी से कहती हूँ, या पेड़ों को कहती हूँ। बहुत सारी चीजें हैं जिन्हें मैं दुआ कहती हूँ कि वो सब सही हो जाए। इसलिए और भी इतने सारे दोस्त हैं, बहुत प्यार वाले दोस्त हैं तो उन्होंने दुआ को कहा कि मैं सही हो जाऊँगी। मैं एकदम सही हो गयी थी।

दवा कम हो गयी है, रोज़ दो लेनी हैं, बस। पहले तो मैंने बहुत बहुत सारी दवा ली थी। अब बहुत कम हो गयी। कई दिनों बात मैं लिखने भी लगी। पूरा अच्छे से, तब भी मैं अच्छे से लिखने ही वाली थी कि साइकिल आयी। एक बच्चों के लिए पत्रिका है। उसमें मेरी कहानी थी। पापा मम्मी ने देखा, उन सभी को बहुत अच्छा लगा। मैं दिल्ली गयी थी, वहाँ संजय मिला और मनीषा भी। उनको बताया तो दोनो ख़ुश हो गए। मैंने बाशु के बारे में लिखा था। वो इस बार पत्रिका में आया है। मैं जयपुर आ गयी और मुझे एकदम से लगा कि ये पत्रिका जिसे हम साइकिल कहते हैं क्यूँकि उसका नाम है साइकिल को मैं व्यास जी को दे दूँगी। उनके पास नहीं आयी होगी। मैं और पापा उनके घर गए। व्यास जी से मिले। मुझे एकदम से लगा कि वे 70 के आस पास हो गए हैं, वे इतने ख़ुश हुए। एक बार जब मैं गयी थी तब बिलकुल नहीं बोलती थी, लेकिन अब ज़्यादातर बोलने लगी, तो वे ख़ुश हो गए। हम व्यास जी और उनकी पत्नी से बातें कर रहे थे तब मैंने उन्हें कहा कि

"आपके लिए कुछ लेकर आयी हूँ"

उन्होंने देखा! बोले

"अरे वाह! हमारे पास में तो आया ही नहीं। अच्छा हुआ कि तुम लेकर आ गयी। तुम्हारा इसमें आया है या बाद में आएगा?"

मैं मुस्कुराई तो वे ख़ुश हो गए। उन्होंने कहा

"अब तुम सुनाओ"

मुझे एकदम से लगा कि नहीं मैं नहीं कोई और सुनाएगा। या शायद वो पढ़ लेंगे। तब फिर से उन्होंने कहा

“मैं अब नहीं पढ़ सकता। बहुत धीमे धीमे पड़ता हूँ तो आज तो मैं पढ़ चुका हूँ। अब मैं नहीं पढ़ना लेकिन अब तुम पढ़ो”

मैंने साइकिल पापा को दिया और कहा

“तुम पढ़ो”

पापा ने कहा

“तुम पढ़ो”

उस दिन मैंने पढ़ा। एक बहुत प्यारी 13 साल की नमीरा के लिए और उस दिन के बाद आज मैंने व्यास जी के लिए पढ़ा। पहली बार। तो अब मैं पढ़ने लगी। ख़ूब सारे लोगों के लिए, जब भी मिलते तो मैं कुछ पढ़ने लगी। मुझे बहुत बहुत अच्छा लगा।

‘जी’

कल से मैं नीला को देख रही हूँ।
इतना बड़ा वाला नीला, या शायद छोटा सा नीला,
या शायद बारिश वाला नीला।

अब ये सब मैंने बस लिखा है, यूँ ही लिखा है, पर लिखा है। क्यूँकि सबसे ज़्यादा मुझे लगता था कि मैंने इतनी सारी चीज़ें किसी को बताया ही नहीं। कुछ लोगों को बता सकते हैं। जैसे अभी जहाँ मैं हूँ तो शाम धीरे धीरे रात में होने वाली है। पीला धीरे धीरे नीला में हो जाता है। नीला बहुत नीले में रहता है। सुबह बारिश आयी तो मैं उठी तो मुझे एकदम से लगा कि नीला इतनी बार हुआ है कि सूरज आता ही नहीं।। क्यूँकि वो रोज़ आता है इसलिए आज कहीं और गया है, यहाँ नहीं आया।

कल से मैं नीला को देख रही हूँ। इतना बड़ा वाला नीला, या शायद छोटा सा नीला, या शायद बारिश वाला नीला। लेकिन वो है यहीं पर। हम सब के साथ में। मैं पहले नीले को या नहीं इतने सारे रंगों को देखती थी, लेकिन और किसी को बताती ही नहीं थी। वैसे किसी को हम नहीं भी बताते हैं, लेकिन तब मुझे बताना था क्यूँकि तब मैं बोलती नहीं थी। इसलिए मुझे एकदम से लगता था कि किसी को तो बताना है। अभी बस थोड़ा सा मैंने लिखा है कि नीला कल से आज तक यहीं था इसलिए क्यूँकि अब मैं लिखके उन्हें बता सकती हूँ जिसे बताना होता है। किसी को भी बता सकती हूँ, जैसे आप सब के लिए बता रही हूँ।

बहुत सारे दोस्त आए इतने सारे मुझे मिलने ही आए। इतने सारे लोग हैं

कि मैं उस सबका नाम लिखूँ तो बहुत दिनों तक मैं यही करती रहूँगी। उस सबके लिए बहुत बहुत प्यार है। इतने सारे लोग इतनी बार आए, उस सबके लिए कि जो ताबडिया जो मेरे सर थे तो जब वो आते तो फिर से इतने सारे लोग होते मेरे पास कि वो ग़ुस्से में चले जाते थे। लेकिन बाद में वो एकदम कमाल डॉक्टर हैं उन्हें बहुत अच्छा लगा कि इतने सारे लोगों के साथ में मैं अब सही हो गयी हूँ। मैं अब उस तरह कि पद्मजा नहीं हूँ अब थोड़ी और अच्छी हो गयी हूँ। क्यूँकि मैंने इतने सारे लोगों को देखा कि वो सच में इतने प्यारे हैं कि मैं और ज़्यादा अच्छी हो गयी हूँ।

आरती और सुमन मिली। दिल्ली में गयी थी तब। आरती ने कहा

"तुम्हें लिखना चाहिए। बाक़ी इतने सारे लोगों को पता चलना चाहिए, क्यूँकि बाक़ी लोग कुछ भी बताते ही नहीं है।"

उसने ख़ूब कहा तो मुझे एकदम से लगा कि हाँ शायद लिखना चाहिए। सुमन से मिली तो उसे बहुत अच्छा लगा और उसने कहा कि

"तुम अब जल्दी से लिखो कि फिर भूल ना जाओ।"

तो अब मेरे ख़ूब सारे दोस्तों के लिए मैंने लिखा है। बस यूँ ही लिखा है। मेरे दोस्त हैं, भव्य और आकृति। वो मुझे मिलने भी आए थे। तो हम लोग थोड़े दिन पहले मिले तो उन्होंने कहा कि

"तुम अपने कहानी में 'जी' लिख सकती हो, क्यूँकि तुम सिर्फ़ 'जी' बोलती रहती थी। तुम्हें उतना आता ही नहीं था"

तो हम तीनो ने ज़ोर ज़ोर से जी जी बोला। हम सब फिर से जी जी बोलने लगे। मुझे पता है कि जी नहीं होगा, लेकिन मुझे बहुत अच्छा लगता है जब मुझे लगता है कि मैं 'जी' बोलती रहती थी। सब को 'जी'। 'जी' कितनी अच्छी बात है ना।

फिर सब कुछ पहली बार आया है

मैं मम्मी के साथ चल रही थी
पर मेरा चेहरा नीचे देख रहा था।
आँसू ज़मीन पर गिर रहे जैसे वो सभी को शुक्रिया कह रहे थे।

आप 6 साल पहले की डायरी पढ़ चुके हैं। आज 6 सालों में तो लाखों चीजें मेरे पास आती और कहती कि मुझे लिखो। मुझे देखो। इस तरह शायद 10 दिन चले गए। लिखना तो है, तो मैं आज एक जगह बैठी हूँ, कॉफी बनकर आने वाली है और मैं बाहर देख रही हूँ। धूप आई हुई है, पत्ते और फूल दिख रहे हैं। उन पर तितलियाँ उड़ रही है। तितलियाँ जब उड़ रही हैं तो आप सोच नहीं सकते कि वो उड़कर कहाँ जा रही है। ये अभी राइट में जा रही है जैसे ही आप राइट सोचते हैं तो वो लेफ्ट मे चली गई होती है। सामने एक दीवार पर एक आदमी सफेद रंग कर रहा है। अभी वो सीढ़ी पर ऊपर गया है उसके लिए एक बाल्टी में सफेद रंग जो पानी में डूबा हुआ है और वो ब्रश से दीवार को और सफेद बना रहा है। हवा बहुत हल्की सी चल रही है और धूप उसपर आ रही है। उस आदमी और धूप के बीच एक पेड़ खड़ा हुआ है तो पेड़ के पत्ते और जड़े की छाया दीवार पर दिख रही है। वो आदमी रंग कर रहा है तो वो छायाओं पर 2 या 3 बार और सफेद रंग कर जाता है।

मुंबई थोड़ा अलग शहर है। बारिश कभी भी आती है, लोकल चलती है तो आपके बाल सबसे पहले उड़ते हैं। घर का किराया ज़्यादा है, मालिक पहले दिन पैसा लेगा या 5वे दिन ये मालिकों के मन में होता है। कुछ दिनों बाद आपको समझ आता है कि सारे दोस्त बिजी रहते हैं। आपके मन में आ जाता है कि आप यहाँ अकेले आए हैं। अकेले सब्जी लेकर आना, खुद खाना बनाना और अकेले ही खा जाना। जल्दी से भागती हूँ, जल्दी से लोकल ले लेती हूँ, घर पहुँचूँगी पर कब ये नहीं पता चलता। सूरज शाम को ही समंदर में डूब रहा है तो पूरे ध्यान से उसे ओझल होते देखना, रात को सोते जाना या कि कई रात-दिनों तक उठते रहना। पापा माँ के साथ विडिओ पर बात करना और फिर आप अचानक से कहते हैं कि “आवाज़ नहीं आ रही” फिर फोन बंद करके उन्हें याद करके रोना। कुछ दोस्त बनाना। फ़ोटोज़ लेना, उसमें आपका ध्यान जो दिखता, वहीं रहता है तो फिर कोई याद नहीं आता। शहर में ज़्यादा लोगों में से कुछ ही लोग बहुत अच्छे होते हैं तो उनसे मिलना। डॉक्टर ने एक दवा दिया है वो सुबह और शाम को खाने के बाद लेनी है। बीच में मैं कभी-कभी एलकोहल पी लेती थी फिर बॉडी में रिएक्शन शुरू हुआ तब एक दोस्त मुझे जयपुर लेकर आए। एक ने कहा कि “तुम्हारे सिर में पाँच ओपरेशन हुए हैं और एलकोहल पीते हुए वो सबसे पहले सिर में जाता है, तो अब बिल्कुल भी नहीं पीना।”

जीवन को इसी दुनिया में रखना है तो मैं अब यही करती हूँ जो मेरी बॉडी के लिए अच्छा है। इन दिनों मैं मुंबई में ही रहती हूँ। मेरा मन भी

यहीं पर रहता है, अभी शायद वो सो रहा है।

अलग-अलग शहरों का अपना-अपना अंदाज़ होता है। जन्म जयपुर में हुआ था पर अब मैं अलग-अलग शहर में रहती हूँ। अस्पताल से घर आकर शायद 6 महीने बाद मैंने पापा को कहा कि मुझे दिल्ली जाना है। पापा खुश हुए और बोले "चलो" तो मैंने उन्हें कहा कि मुझे अकेले जाना है। 3 या 4 घंटे वो कुछ नहीं बोले और फिर बोले "ठीक है मैं तुम्हें स्टेशन में छोड़ने चलूँगा।" उनके पास सारे दोस्तों के नंबर है। उन्हें पता था कि मुझे लेने कौन आएगा। ट्रेन में बैठकर मुझे लगा कि मैं अकेली बैठी हूँ, सब देख रही हूँ, दूर में जो पेड़ हैं वो मुझे धीमे से देख रहे हैं पास में जो पेड़ हैं वो तेज़ी से चले जाते हैं तो हम एक दूसरे को देख ही नहीं पाते हैं। मिट्टी ज़मीन में बैठी हुई है। पीले फूल खिले हुए हैं। लोगों की आवाज़ें आ रही है तो थोड़ा सुनूँ तो उनकी आवाज़ें एक धुन में गा रही है। दिल्ली में ट्रेन रुकी और अंदर ही मुझे 3 दोस्त दिखे। वे बाहर से मुझे कोच में ढूंढ रहे थे। मैं ट्रेन से उतरी तो एक ने कहा "वाह तुम तो आ गई हो!"

अगले दिन मैं मेरी दोस्त के घर पर थी। उस दिन हम एक फ़िल्म देखने गए। खूब हँसते रहे। फिर अगले दिन मैंने कहा कि "मुझे अब अकेले जाना है।" वो तो बहुत गुस्से में आ गई और बोली नहीं नहीं नहीं। मैंने उसे बोल के कई बार बताया कि ऑटो वाले को क्या कहूँगी, कहाँ जाना

है। मेरे पास फोन भी है तो उसने कहा कि "मैं तुम्हें हर आधे घंटे में फोन करूंगी और तुम्हें हर वक़्त मेरा फोन उठाना है।" चलिए फिर मैं घर से बाहर निकली। सामने थोड़ा चलकर ऑटो खड़े हैं। अब मैं ऑटो की तरफ़ जा रही हूँ और मेरे मन में चल रहा है, cp cp cp। जैसे ही मैं वहाँ पहुंची एक ऑटो वाले ने पूछा "कहाँ जाना है" अब ये मैंने नहीं सोचा था तो उसने कहा और अब मैं भूल गई। मैं वहाँ पहुँच गई हूँ और बोलना तो है ही तो मैंने उसे कहा p। फिर से उसने पूछा कहाँ जाना है तो मैंने कहीं और देखके कहा p। अब इन सब में मेरा ऐक्टिंग चल रहा था और मैंने तो cp की तरह कहा है। अब ऑटो वाले ने अपना कान साफ किया क्योंकि उसे लगा कि उसने सुना नहीं। मैं उसकी तरफ़ देख ही नहीं रही जैसे होता है ना कि एक लड़की है वो थोड़ी बिजी है। तो तब उसने सोच के कहा cp? मैंने उसे देखा और कहा "और नहीं तो क्या?" ऑटो चल रहा है और मैं बैठी हूँ और मेरे मन में चल रहा है कि "बच गए यार, बच गए।"

पहले ऑपरेशन के बाद डॉक्टर ने सिर का एक हिस्सा अच्छे से रख दिया था। कहा था कि वे 5 वे ऑपरेशन में उस हिस्से को सिर में रख देंगे पर अब उन्हें लगा कि शायद ये हिस्से में कुछ अलग गड़बड़ चीजें हैं। तो उन्होंने टाइटेनियम से ही उतना ही बड़ा बना के मेरे सिर में रख दिया है। तो जो एक्चुली मेरा जो सिर था वो उन्होंने मेरे पापा को दिया था।

मुझे पता नहीं था कि कई दिनों बाद पापा ने वो मुझे दिखाया। अब मुझे तब नहीं पता था कि अपने सिर को कैसे देखते हैं। मैंने तो उसे उठाया और खूब ज़ोर-ज़ोर से हंसने लगी, बहुत खुश होने लगी कि देखो मेरा सिर अभी मेरे हाथ में रखा हुआ है। मेरा तो दिमाग ही खराब हो गया था। ये बस सिर का छोटा सा शील्ड है। मैंने पापा को कहा कि इसे मैं फ्रेम करवा के मेरे रूम में रखूंगी। अब जो भी दोस्त मुझसे मिलने आते तो मैं जल्दी से अंदर जाकर अपने हाथ में कुछ छुपा के लेकर आती। वे देखते और फिर मैं उन्हें कहती कि ये मेरे सिर में एक हड्डी है। उनका चेहरा एकदम अलग हो जाता। एक दोस्त को तो उलटी आ गई थी। मुझे लगता कि ये ऐसे क्यूँ हो जाते हैं। पापा ने मुझे अच्छे से बैठा के बताया कि "बेटा ऐसे अपने दोस्तों को नहीं दिखाते हैं। कोई सच में कहे कि दिखाओ, दिखाओ तब भी सोच के दिखाना है।"

सही बात है। आपने एक चीज़ कभी भी नहीं देखी है पर एकदम से कुछ दिख जाए तो आपके अंदर कैसी अजीब चीजें आ जाती होंगी। कोई देख के बहुत खुश हो सकता होगा। खैर, मैं तो जल्दी ही उसे फ्रेम करवा के मेरे रूम में रखूंगी क्योंकि वो मेरा सिर था और हमेशा रहेगा।

एक दोस्त पोस्टर्स बनाता है। उसे स्टॉल मिल जाती है। मैं सुबह तैयार होकर जाती थी। पूरे दिन वहीं रहती थी। खूब लोगों को देखती, चित्र बनाती थी। बीच में वो कहता कि मैं थोड़ी देर में आता हूँ। फिर मैं ही

वहाँ रहती। उसमें क्या होता कि कोई आता और पूछता "ये पोस्टर कितने का है" तो मेरे दोस्त ने जो बताया था वो मैं भूल गई होती तो 100 को 600 बोलती और 500 को 200 रूपिये बोलती। जब उसे पता चलता वो मुझे कभी भी कुछ नहीं कहता और आराम से काम करता रहता। मुझे कई बार लगता है कि जिन्होंने ज़्यादा पैसे दिए हैं और किसी ने बहुत कम तो मतलब सारा पैसा मिलकर, जितना पैसा आने वाला था वही आ जाता होगा।

फिर से जन्म मिला है तो फिर सब कुछ पहली बार आया है। बस एक चीज़ रही जो 'याद' है। याद में रहने में बहुत सारी चीजें हम भूल जाते हैं और कुछ ही चीजें हमेशा याद रहती है। जब मुझे हिन्दी थोड़ी सी आती थी तब मैंने डायरी लिखना शुरू किया था। सब कुछ फिर से सीखना था पर जब हम पहली बार सीखते हैं तो आपको नहीं पता होता तो आप पहली बार सीख रहे होते हैं पर दूसरी बार मुझे सब कुछ पता था फिर से मैं सब कुछ सीख रही थी। अगर अभी नहीं लिखूँगी तो शायद भूल भी जाऊँगी। 7 साल पहले मैं एक रूम में रहती थी तब मैं लेटी रहती थी। कितनी बार खिड़की से बाहर देखती। पेड़ दिखते थे उनकी छाया दिखती थी। आसमान कभी नीला कभी बादलों में नीला छुपके रहता था। एक दिन डॉक्टर ने कहा कि आप 5 या 6 दिनों में घर जाएंगे। मुझे लगा कि अस्पताल में तो मैं कितनी सारी चीजें देखती रहती हूँ और लगता

है कि पहली बार देख रही हूँ अब तो मुझे बाहर भी जाना है। उसी दिन शाम को पापा को कहा कि तरह बाहर देखा और उन्हें एक्शन करते हुए कहा चलो। धीमें-धीमें चलना शुरू किया था तो मैं खड़ी हुई, पापा ने मेरे सिर पर एक शॉल पहनाया और हम धीमें-धीमें चलने लगे। मुझे लगा कि मैं तो अब तेज़ चलने लगी हूँ पर समझ में आया कि पापा खूब तेज़ चलते थे तो अभी वे मेरे साथ धीमे चल रहे हैं। मैं खुद चल रही थी, खुद देख रही थी। कई लोगों ने मुझे देखा था पर कोई कुछ नहीं कह रहा था क्योंकि वे 2 महीनों से मुझे जान चुके थे तो वे देख के फिर अपना काम करने लगे। अब हम चल के थोड़ा दूर हवा में आ गए थे। फिर थोड़े कम लोग दिखे फिर हम अस्पताल के गेट पर पहुँचने वाले थे। गेट के बाहर जाकर हम बैठ गए। अंदर से कार,बाइक,बस देखती थी अब तो हम एकदम उनके पास आ गए थे। लगा पहली बार उन्हें एकदम पास में देख रही हूँ। थोड़ी देर हम वहीं बैठे रहे। बैठके मैं थोड़ी थक गई फिर से चलना थोड़ा मुश्किल हुआ पर पापा कहते रहे "तुम थक गई हो क्या रुक जाए क्या?" मैं बोलती रही कि मैं सही हूँ। थकी हुई नींद आ रही थी तब मैंने मेरा पूरा शरीर देखा और लगा पूरा शरीर धीमे धीमे तैयार हो रहा है।

5 वे दिन डॉक्टर ने कहा "क्या तुम कल जाओगी या परसों?" मुझे तब पता नहीं था कि कल क्या होता है और परसों? तो मैंने उन्हें कहा परसों। वे खुश हो गए बोले परसों जाना।

मम्मी गुस्से में आयी और बोली "तू बोल देती कि कल जाएंगे।" मम्मी को समझ ही नहीं आ रहा था कि मेरे लिए कल क्या होता है और परसों क्या होता है? तब मम्मी की बात हुई और हम कल घर चले गए। मुझे लगा कि जब मम्मी को पता चलेगा कि मैं बोलना भूल गई हूँ तो वो

क्या सोचेंगी? पर सोचना मेरा बहुत कम हो गया था नहीं तो मैं क्या-क्या सोचती रहती।

लास्ट दिन मम्मी-पापा ने मेरे रूम से सारी चीजें रख ली थी। मेरे कुछ कपड़े, दवाइयाँ, कुछ फ़ोटोज़ की बुक्स। एक आंटी रोज़ मेरा रूम साफ करने आती थी। झाड़ू-पौचा करने। वो रूम्स के पास में एक रूम में रहती है। पूरे दिन काम करती रहती हैं। वो इतनी प्यारी थी, उन्होंने मुझे बहुत प्यार दिया था। मैं बेड से उठी तो मम्मी ने कहा कि "इन्हें कहो कि हम जा रहे हैं।" मैंने उन्हें कहा "मैं फिर से आऊँगी" आंटी झाड़ू कर रही थी तब वे खड़ी हो गई और बोली "ऐसा कहो कि मैं कभी नहीं आऊँगी" मैं मम्मी के साथ चल रही थी पर मेरा चेहरा नीचे देख रहा था। आँसू ज़मीन पर गिर रहे जैसे वो सभी को शुक्रिया कह रहे थे।

उपरान्त कथन

बीमारी से सामान्य अवस्था तक पद्मजा

सितम्बर 2017 के शुरुआती दिनों में पद्मजा को सिरदर्द रहने लगा जो कि ठीक नहीं हो रहा था। न्यूरोलॉजी विभाग में डॉक्टर को दिखाने पर लक्षणों के आधार पर उन्होंने निष्कर्ष निकाला कि यह तेज़ माइग्रेन है। कुछ दिन अस्पताल में परीक्षणों एवं उपचार के बाद स्वस्थ होने पर पद्मजा को डिस्चार्ज कर दिया गया। किन्तु सिरदर्द लौट आया जो कि पहले से तेज़ था तथा साथ ही अब बुख़ार भी रहने लगा। इसके अलावा अब बाईं पलक तथा जबड़े में सूजन भी दिखाई दे रही थी। इस पर तुरन्त पुनः अस्पताल की इमरजेन्सी में पद्मजा को ले जाया गया। और अब लक्षणों में उनींदापन (drowsiness) तथा बेतरतीब तरीक़े से बोलना भी बढ़ गया था। उसे न्यूरो ICU में भर्ती किया गया। मस्तिष्क के MRI तथा अन्य कई विधिवत परीक्षणों से न्यूरोसर्जन Dr. S.C. Tapariya ने निष्कर्ष निकाला कि रोगी के मस्तिष्क में कुछ स्थानों पर abscesses (पस से भरी थैलियाँ) हैं जिनको तुरन्त साफ़ करना आवश्यक था। ये दरअसल कैंडिडा नाम की फफूँद (fungus) का एक संक्रमण था जो कि मस्तिष्क में अमूमन बहुत कम होता है।

अस्पताल में भर्ती होने के अगले ही दिन तत्परता से पद्मजा की पहली शल्य क्रिया हुई। इन पस से भरी थैलियों (abscesses) को ऑपरेशन द्वारा ही ख़ाली किया जा सकता था। प्रत्येक शल्य क्रिया के पश्चात् परीक्षणों से पता लगाया जाता कि अगले ऑपरेशन की आवश्यकता है या नहीं। इसी क्रम में अगले लगभग 40 दिनों में तीन और शल्य क्रियाएँ हुईं। इस दौरान संक्रमण को बढ़ने न देने और समूल समाप्त करने की

दवाइयाँ भी पद्मजा को दी जाती रहीं। शल्य क्रियाओं द्वारा abscesses ठीक हुए और दवाइयों ने भी अपेक्षित परिणाम दिखाया। सर्जरी से पहले पद्मजा में जो बीमारी के लक्षण थे, वे अब दिखाई नहीं दे रहे थे।

इन सारी दुष्कर प्रक्रियाओं में जो सबसे उत्साहवर्धक बात रही वो थी पद्मजा का धैर्य और सहनशक्ति तथा शल्य क्रिया के समय को छोड़कर शेष सारे समय अस्पताल के अपने वार्ड में चेतन और सोचने-समझने की अवस्था में रहना। और दूसरी प्रेरणा योग्य बात थी डॉक्टर तापड़िया द्वारा अत्यंत वैज्ञानिक, वस्तुपरक तथा मानवीय तरीक़े से इस बीमारी को पहचानकर उसका मेडिकल साइंस के श्रेष्ठतम ज्ञान द्वारा निदान करना।

मस्तिष्क के ऑपरेशन से भाषा, स्मृति इत्यादि के फ़ंक्शन पर जो असर पड़ा था, उसे पुनः अपने सामान्य रूप में लाने के लिए स्पीच थेरेपिस्ट की सेवाएँ लेने की डॉक्टर द्वारा सलाह दी गई।

लगभग चार महीने बाद, मष्तिष्क से सर्जरी के दौरान हटाई गई हड्डी के टुकड़े को पुनः लगाने हेतु पद्मजा की पाँचवीं शल्य क्रिया की गई। उसकी स्मृति एवं भाषा पर जो ऑपरेशन के तुरन्त बाद असर दिखे थे वे उस की, परिवार जनों तथा शुभचिंतकों की कोशिशों से दूर हो गए हैं। और वह लगभग बीमारी से पहली वाली सामान्य अवस्था में आ गई है और वो हम सब जैसे उत्साहपूर्वक एक स्वस्थ जीवन जी रही है।

—डॉ. एम.सी.आर. व्यास